Helmi Vent / Helma Drefke

Gymnastik / Tanz

Cornelsen

Zeichnungen von Karlheinz Grindler
Fotos von Eberhard Nowak

Bildquellennachweis: (2) Albrecht Gaebele, Oehringen; (20) Zefa, Düsseldorf: Puck-Kornetzki; (21) Foto Horstmüller, Düsseldorf; (22) Manfred Sobottka, Kaarst; (23) Pressebilderdienst Kindermann, Berlin; (24) Peter Hendricks, Essen; (29) Foto Studio Sabine Toepffer, München; (35) Eduard Straub, Meerbusch; (36) F. Peyer, Hamburg; (40) Martha Swope, New York; (41) F. Peyer, Hamburg; (42) Künstleragentur Burghardt, Düsseldorf; (43) Monique Jacot, Lausanne; (44) Gert Weigelt, Köln; (45) Gert Weigelt, Köln; (46) Peter Peitsch, Hamburg; (47) Pressebild-Agentur Schirner, Düsseldorf; (48) Bob Gardner, Woodland Hills, Californien; (49) Kari Hakli, Helsinki; (50) F. W. Holubovsky, Köln; (108) Foto Horstmüller, Düsseldorf

Für den Gebrauch an Schulen

(erschienen 1981 im August Bagel Verlag, Düsseldorf,
unter ISBN 3-513-54632-7)

Bestellnummer 546328
6. Auflage
Druck 7 6 5 4 / 97 96 95 94
Alle Drucke dieser Auflage können, weil untereinander unverändert,
im Unterricht nebeneinander verwendet werden.

Einbandgestaltung: Nach Entwürfen von Peter Krolow, Düsseldorf
Satz und Druck: Rasch, Bramsche
Bindearbeiten: Industriebuchbinderei Bielefeld

ISBN 3-590-54632-8

Die Inhalte der einzelnen Kapitel dieses Buches wurden von den Verfasserinnen schwerpunktmäßig wie folgt bearbeitet:

Gymnastik und Tanz – Abgrenzung und Übersicht
1. Zum Verhältnis von Gymnastik und Tanz *(Drefke/Vent)*
2. Erscheinungsformen der Gymnastik *(Vent)*
3. Erscheinungsformen des Tanzes *(Vent)*

Fachspezifische Grundlagen
1. Konditionelle und koordinative Voraussetzungen *(Drefke/Vent)*
2. Bewegungstechnische Grundlagen *(Drefke/Vent)*
3. Objekte und Materialien *(Drefke/Vent)*
4. Musiktheoretische Grundlagen *(Vent)*

Handeln im Gymnastik- und Tanzunterricht
1. Voraussetzung zum Handeln: Wahrnehmen *(Vent)*
2. Gestalten *(Drefke)*

Inhaltsverzeichnis

Handeln im Gymnastik- und Tanzunterricht

1. Voraussetzung zum Handeln: Wahrnehmen

2. Gestalten

Vorwort

In diesem Buch sollen Merkmale und Prinzipien von verschiedenen Gymnastikrichtungen und Tanzstilarten aufgezeigt und einige Fragen zu deren pädagogischem und gesellschaftlichem Stellenwert überdacht werden. Dabei werden auch Beziehungen und Zusammenhänge zwischen verschiedenen Richtungen und Stilarten hergestellt. Das scheint aber nur dann möglich zu sein, wenn man weder irgendeine Stilrichtung noch eine bestimmte Bewegungstechnik absolut setzt bzw. als allein gültig betrachtet. Man müßte vielmehr herauszufinden versuchen, welche Handlungsprinzipien den verschiedenen Richtungen gemein sind, welche gemeinsamen oder unterschiedlichen Strukturmerkmale gymnastische und tänzerische Bewegungsformen und -abläufe aufweisen, welche Wirkungen diese auf Akteure und Zuschauer haben können, wie man mit Bewegung überhaupt „umgehen", was man bei diesem Umgang erfahren kann usw.

Dem hier vertretenen Verständnis von Gymnastik und Tanz liegt als leitendes Handlungs- und Unterrichtsprinzip das Verhältnis von zwei sich wechselseitig bedingenden und beeinflussenden Handlungsweisen zugrunde, *zum einen,* gesetzte Regeln einzuhalten und gegebene (Bewegungs-)Informationen wiederzugeben, *zum anderen,* gegebene Regeln zu verändern und eigenständige, auch unkonventionelle Lösungsmöglichkeiten zu suchen, jeweils orientiert an den Bedürfnissen aller beteiligten Personen und an den Bedingungen und Erfordernissen von und in konkreten Situationen. Das bedeutet, daß bewegungstechnische Grundlagen und Kenntnisse als „Handwerkszeug" und Basismaterial eingebunden werden in nicht vorstrukturierte Prozesse sinnlicher Wahrnehmung und Erfahrung, in selbständige Improvisations-, Kompositions- und sonstige Problemlösungsvorgänge beim einzelnen und in seinen Bezugsgruppen. Jede Art von Bewegung, ob neu gefunden oder überliefert, ob spontan und spielerisch entstanden und immer wieder verändert oder festgelegt, ob ungewöhnlich oder abgegriffen, kann zum Gegenstand der Auseinandersetzung gemacht werden. Durch neuartige Kombination, neues „Arrangement", durch Verfremdung usw. können z. B. alltägliche Arten der Fortbewegung, des Stehens, des Sich-Drehens usw. neu erfahren werden und dazu beitragen, veränderte Sichtweisen und Einstellungen hervorzurufen.

Ziele in dem aufgezeigten Wechselverhältnis sind folgende:

- sich selbst und andere differenziert wahrnehmen als Voraussetzung für individuelles (auch motorisches) und soziales Handeln
- in reproduktiver (Bewegung nachgestaltender) und produktiver (Bewegung neu- und umgestaltender) Form handeln
- sich durch das Medium Bewegung ausdrücken und sich miteinander über dieses Medium (d. h. über Körpersprache) verständigen (kommunikativ und kooperativ handeln)
- Freude am Tanzen haben bzw. an der Fähigkeit, mit seinem Körper unter verschiedenen rhythmischen, räumlichen und dynamischen Aspekten – auch in Kontakt mit Partnern – umgehen zu können
- Erscheinungsformen von gymnastischer und tänzerischer Bewegung kritisch betrachten und einordnen
- fachspezifische und -übergreifende Zielsetzungen und Problemstellungen sowie eigene und fremde Handlungsweisen diskutieren.

Die in diesem Buch aufgezeigten Realisierungsmöglichkeiten und Bewegungsbeispiele zu den verschiedenen Themenbereichen sind als Anregungen zu verstehen. Sie werden je nach Teilnehmerbedürfnissen und Situation eine mehr oder weniger große Bedeutung haben und sollen von der jeweiligen Bezugsgruppe entsprechend ausgewählt und evtl. verändert werden.

Bei der Auswahl der Bewegungsbeispiele ist versucht worden, neben gebräuchlichen auch ungebräuchliche Bewegungsformen und -abläufe als Impulse für gymnastisches und tänzerisches Bewegungshandeln aufzuzeigen.

Die Fotos in diesem Buch sind selten unter rein funktionellen Gesichtspunkten ausgewählt worden. Sie enthalten meist auch eine darstellerische bzw. gestalterische Komponente.

Helmi Vent/Helma Drefke

1. Zum Verhältnis von Gymnastik und Tanz

Inwiefern können Gymnastik und Tanz als gemeinsamer Lernbereich aufgefaßt werden?

Gymnastik und Tanz können als gemeinsamer Lernbereich verstanden werden, wenn die Gymnastik die Funktion einer Tanztechnik übernimmt, angefangen von tanzspezifischen Übungen zur Verbesserung der konditionellen und koordinativen Grundlagen über Übungen und Aufgaben zur Verbesserung der Ausführung verschiedener Bewegungsformen bis hin zu vorbereitenden Übungen für spezielle Tanzstile. In diesem Fall stehen Gymnastik und Tanz in einer fixierten Rangordnung zueinander, in der die Gymnastik als bewegungstechnische Grundlage für den Tanz dient, z. B. Jazzgymnastik als Exercice (tanztechnisches Training) für den Jazztanz.

Gymnastik und Tanz können weiterhin als gemeinsamer Lernbereich aufgefaßt werden, wenn nicht die trennenden, sondern die beide Bereiche verbindenden Aspekte betont werden, z. B.:

- beiden Bereichen zugrunde liegende Bewegungsformen wie die gebräuchlichen Fortbewegungsarten, von denen sowohl einige Erscheinungsformen der Gymnastik als auch des Tanzes (z. B. der Elementare Tanz) ausgehen
- gemeinsame Ziele wie: Verbesserung und Differenzierung der Qualität von bewegungstechnischen Fertigkeiten; Verbesserung von Wahrnehmungs- und Kommunikationsfähigkeit in und durch Bewegung; Gestalten von Bewegung nach den Kriterien Zeit, Dynamik, Raum und Form (sofern im Tanz lediglich die formale/abstrakte Seite betont wird)
- ähnliche Arbeitsweisen, über die einerseits vorgegebene Bewegungsformen erlernt, geübt und verändert, andererseits „neue“ Bewegungsweisen entwickelt und somit kreatives Verhalten gefördert werden sollen.

Terminologische Anmerkungen: Die Vielfalt der Erscheinungsformen im Bereich Gymnastik und Tanz korrespondiert mit einer Vielfalt von Fachbegriffen und unterschiedlichen Begriffsdefinitionen – häufig für gleiche oder ähnliche Sachverhalte – je nach fachbezogenem Vorverständnis, theoretischem Begründungszusammenhang und auch (meist verborgener und unaufgedeckter) Weltanschauung. Die dadurch bedingte geringe Eindeutigkeit und unterschiedliche Verwendung zahlreicher Fachbegriffe innerhalb der verschiedenen Gymnastik- und Tanzrichtungen machen Begriffsklärungen in diesem Bereich schwierig, fordern aber gleichzeitig zu eigenen Begriffsdefinitionen heraus.

Der Begriff *Tanzstil* kennzeichnet die Art und Weise der Auseinandersetzung mit Körperbewegung in Raum und Zeit und ist meistens an bestimmte Bewegungstechniken gebunden (vgl. z. B. Isolationstechnik im Jazztanz).

Der Begriff *Bewegungsstil* kennzeichnet den persönlichen Ausdruck, die individuelle Ausprägung von Körperbewegung und ist mitbedingt durch sozio-kulturelle Einflüsse (vgl. S. 53).

Der Begriff *Training* bedeutet im Bereich Gymnastik und Tanz die Entwicklung und Steigerung konditioneller und koordinativer Grundlagen.

Inwiefern können Gymnastik und Tanz als jeweils eigener Lernbereich aufgefaßt werden?

1. Gymnastik und Tanz können als getrennte Lernbereiche verstanden werden, wenn der Schwerpunkt auf unterschiedliche Bewegungsstile bzw. feststehende (und somit genormte) Bewegungstechniken gelegt wird, z. B. Gymnastik nach den Bewegungsprinzipien der „Rhythmischen Gymnastik“ (vgl. S. 13), der Rhythmischen Sportgymnastik (vgl. S. 14f.), des Folkloretanzes (vgl. S. 17–23), des Jazztanzes (vgl. S. 30–36), des Modern Dance (z. B. Graham-Technik, vgl. S. 43f.), des klassischen Tanzes (vgl. S. 36–40) usw.

2. Gymnastik und Tanz können als getrennte Lernbereiche verstanden werden, wenn Bewegung mit Ausdrucks- und

Darstellungsintention und als Verständigungsmittel eingesetzt wird.

In der Gymnastik wird in erster Linie eine Verbesserung der Bewegungsqualitäten angestrebt, um die individuellen Möglichkeiten beim Gestalten von und mit Bewegung zu erweitern und zu intensivieren. Eine Mitteilung an den Zuschauer über Bewegung ist nicht bewußt beabsichtigt. Zwar haben gymnastische Bewegungen auch (Ausdrucks-)Wirkungen auf den Rezipienten. Diese Wirkungen und folglich auch ihre Analyse und Interpretation bleiben jedoch beschränkt auf die *formale* (räumliche, dynamische und zeitliche) Ebene. Eventuelle inhaltliche Aussagen bzw. Darstellungen von Handlungen oder Empfindungen werden nicht bewußt angesteuert.

Im Tanz dagegen können Ausdrucks- und Darstellungsintentionen bewußt in und über Körperbewegung sichtbar gemacht werden (z. B. Darstellung affektiver Zustände und Vorgänge). Diese individuellen Ausdrucksintentionen lassen sich auch mit Mitteilungsabsichten verbinden. In diesem Fall wird Bewegung gezielt als Kommunikationsmittel eingesetzt, wobei der Tanzende beabsichtigte Mitteilungen und Aussagen durch seine individuelle „Körpersprache" deutlich zu machen versucht.

Mit der Mitteilung von „Bewegungsinformationen", die sowohl formalen (s. o.) als auch inhaltlichen Charakter haben können, ist die Aufnahme und Interpretation durch (einen) Zuschauer eng verbunden. Dieser beobachtet die Bewegungsmitteilungen des Tanzenden, entschlüsselt die „Bewegungszeichen" und analysiert ihre Wirkungen in Hinblick auf darin enthaltene (Bewegungs- und Gestaltungs-)Absichten bzw. Aussagen.

3. Gymnastik und Tanz können als getrennte Lernbereiche aufgefaßt werden in bezug auf Zielsetzungen und Art der Musikverwendung.

In der Gymnastik fungiert die Musik in erster Linie als unterstützende Begleitung von Bewegungsabläufen (Bewegungsbegleitung). Dabei kann sich eine (Live-)Begleitung der Bewegung anpassen, indem sie den motorischen Ablauf in kongruenter oder analoger Form unterstützt (vgl. S. 104f.) und den Gymnasten quasi „trägt". Die Begleitung dient somit der Intensivierung der rhythmischen und dynamischen Auffälligkeiten des Bewegungsablaufs.

Im Tanz kann eine ähnliche Beziehung zur Musik aufgenommen werden, bei der die hörbaren Vorgänge in kongruenter oder analoger Form in der Bewegung nachvollzogen werden. Darüber hinaus aber können musikalische Vorlagen auch durch Bewegung interpretiert werden. Dabei wird den hörbaren Strukturen durch (gestaltete) Bewegung eine sichtbare Struktur in Form einer gleichwertigen, selbständigen „Gegenstimme" hinzugefügt. Die über Musikinterpretation entstandene Bewegungsgestaltung kann dann selbst wiederum Interpretationsgegenstand für Zuschauer werden.

Stellt man abschließend noch einmal die beiden Bereiche Gymnastik und Tanz gegenüber, so kann man zusammenfassend sagen, daß im Tanz – sofern er über die nur formale Dimension hinausgeht – die Möglichkeiten in bezug auf Materialverwendung, Musikverarbeitung, Gestaltung, Interaktion und Kommunikation weiter und offener sind als in der Gymnastik. Vor allem wegen seiner Ausdrucks-, Darstellungs- und Mitteilungsfunktion ist der Tanz eher dem künstlerischen Bereich zuzuordnen als die eher sportlich ausgerichtete Gymnastik. Stehen in der Gymnastik konditions- und koordinationsverbessernde Aspekte und/oder formale Gestaltungsaspekte im Vordergrund, werden im Tanz darüber hinaus Sprache und Ausdruck des Körpers zum primären Gegenstand.

2. Erscheinungsformen der Gymnastik

Welche Hauptrichtungen lassen sich im Bereich der Gymnastik unterscheiden?

Die Gymnastik als eindeutig umschriebene Sportart gibt es nicht. Es existieren lediglich verschiedene Erscheinungsformen, die teilweise sehr stark ineinandergreifen bzw. miteinander verwoben sind. Eine Möglichkeit, den vielschichtigen Bereich der Gymnastik zu systematisieren bzw. zu differenzieren, liegt in der genaueren Kennzeichnung der Zweckrichtung oder des Arbeitszieles verschiedener Gymnastikrichtungen. Hierbei lassen sich zwei historisch gewachsene Hauptansätze verfolgen.

Der eine Ansatz wird bestimmt durch *funktionelle, physiologisch-anatomische* Aspekte (funktionelle Gymnastik). Diese Art der Gymnastik ist darauf angelegt, Gesundheit und Leistungsfähigkeit des Menschen

– zu erhalten: vorbeugende und u. U. ausgleichende (prophylaktische und korrektive) Funktion

– wiederherzustellen: ausgleichende und pflegerische (korrektive und kurative) Funktion

– zu steigern: vorbereitende (leistungssteigernde) Funktion.

Unter dem Aspekt der Erhaltung von Gesundheit und Leistungsfähigkeit sind im schulischen Rahmen folgende Erscheinungsformen von Gymnastik von Bedeutung:

1. *Organgymnastik:* Sie strebt eine Aktivierung der inneren Organe und eine Kräftigung des Kreislaufs an (ihre Ziele dekken sich zum Teil mit denen der Konditionsgymnastik, s. u.).

2. *Atemgymnastik:* Sie hat das Ziel, die an der Atmung beteiligte Muskulatur zu kräftigen und den Übenden zu befähigen, den nervösreflektorischen Anteil am sonst autonomen Atemvorgang bewußt steuern zu lernen.

3. *Haltungsschulung:* Sie fördert – meist verbunden mit Atemschulung – den Haltungsaufbau des menschlichen Körpers gemäß den anatomischen und physiologischen Gesetzmäßigkeiten des Gelenk- und Muskelsystems.

4. *Konditionsgymnastik:* Sie ist unter dem Aspekt der Vorbereitung auf sportliche Leistung im schulischen Rahmen von besonderer Bedeutung. Sie strebt mittels gymnastischer Formen die Entwicklung und Steigerung allgemeiner und/oder sportartspezifischer konditioneller und koordinativer Grundlagen eines Sportlers an.

Neben diesen funktionell ausgerichteten Erscheinungsformen steht eine zweite, um die Jahrhundertwende entstandene Grundrichtung innerhalb der Gymnastik, die *„Rhythmische Gymnastik“*, deren Schwerpunkt – in Abgrenzung zur funktionellen Gymnastik – im Bereich der Bewegungsgestaltung liegt. Die adjektivische Bestimmung „rhythmisch“ ist nicht vom Rhythmus-Begriff als Ordnungselement verschiedener Zeitdauern abzuleiten, sondern als Sammelbegriff für alle Faktoren zu verstehen, die bei einer Auseinandersetzung mit den Dimensionen Zeit und Dynamik erfahren werden können. In der Bewegungslehre der „Rhythmischen Gymnastik“ herrschen Bewegungsprinzipien vor, die auf den physikalischen Gegebenheiten der Schwerkraft und des Bewegungsflusses basieren:

das *Prinzip der Totalität,* verstanden als Ganzkörperbewegung (vgl. Prinzip der Impulsübertragung beim Bewegungsansatz aus der Körpermitte, S. 30)

das *Prinzip der Ökonomie,* verstanden als ausgewogenes Verhältnis von nicht mehr als notwendigem Krafteinsatz zu entsprechendem Bewegungsausmaß in Raum und Zeit

das *Prinzip des Rhythmus:* Rhythmus, metaphysisch gedeutet als Symbol für „natürliche“, „echte“, „schöne“, „richtige“ Bewegungsweise, motorisch verstanden als periodischer Wechsel von Spannung und Entspannung im Hinblick auf zeitliche, räumliche und dynamische Strukturen von Bewegungsabläufen.

Die „Rhythmische Gymnastik“ geht im wesentlichen auf die von dem Schweizer *Emile Jacques-Dalcroze* (1865–1950) ent-

wickelte Methode zurück, eine Beziehung zwischen Musik und Bewegung in erster Linie über das „am stärksten Fühlbare“ und Verbindende, nämlich das rhythmische Element deutlich (d. h. hör- und sichtbar) zu machen. Die Methode von Jacques-Dalcroze beruhte auf der Auffassung, daß Eigenschaften und Strukturen von Klängen unmittelbare Entsprechungen in körperlichen Vorgängen haben und daß diese Entsprechungen durch Sensibilisierung der auditiven Wahrnehmungsfähigkeit und durch bewußte Steuerung der Bewegungsimpulse vertieft und erweitert erfahren werden können. Darüber hinaus wurde großes Gewicht auf die Ausbildung der Improvisationsfähigkeiten sowohl in musikalischer als auch in motorischer Hinsicht gelegt, wodurch der Übende nicht nur zu einem individuellen Bewegungsrhythmus finden, sondern gleichzeitig auch „gebildet“ und „erzogen“ werden sollte.
Jacques-Dalcroze gab den Anstoß für die Entstehung verschiedener Systeme bzw. Richtungen in der Bewegungs- und Musikerziehung, die besonders in den ersten Jahrzehnten nach der Jahrhundertwende ideologisch stark überfrachtet waren. Unter Ausschaltung jeglicher Rationalität wurde der Versuch einer „Erneuerung des Menschen“, einer „Selbstbefreiung“ durch „Rhythmische Gymnastik“ unternommen. Die sozialen Ursachen/Bedingtheiten der zunehmenden Entfremdung des Menschen und deren Auswirkungen außer acht lassend, konzentrierte man sich ausschließlich auf die individuellen Bedürfnisse „seelischer Erneuerung“.

Wie hat sich die „Rhythmische Gymnastik“ schwerpunktmäßig weiterentwickelt?

Die „Rhythmische Gymnastik“ hat sich inzwischen in so viele Richtungen verzweigt, daß eine generelle Charakterisierung nicht möglich ist. Die verschiedenen Zielsetzungen, Arbeitsschwerpunkte, Methoden und Bewegungsprinzipien einzelner Schulen und Systeme innerhalb der „Rhythmischen Gymnastik“ können allenfalls gegeneinander abgegrenzt werden. So legten einige Schulen den Schwerpunkt auf die musikalische Ausbildung, andere mehr auf Entwicklung und Ausbau von Bewegungssystemen. Wieder andere stellten den zu erziehenden Menschen, der durch die „Rhythmische Gymnastik“ seine schöpferischen und gestalterischen Fähigkeiten entwickeln und seine Persönlichkeit durch Bewegung „auszudrücken“ lernen sollte, in den Mittelpunkt ihrer Arbeit; andere versuchten/versuchen, die genannten Ansätze miteinander zu verbinden (z. B. verschiedene Richtungen der „Rhythmisch-musikalischen Erziehung“ oder auch „Rhythmik“ genannt). Seit den Anfängen der „Rhythmischen Gymnastik“ hat immer wieder eine Neuordnung des Bereichs Gymnastik stattgefunden, bei der sich wiederum unterschiedlich klare oder mehr oder weniger ideologiebefrachtete Standpunkte mit teils stark, teils weniger stark voneinander abweichenden Theorie- und Praxissystemen herausbildeten.
Neben der funktionellen und der „Rhythmischen“ Gymnastik entwickelten sich nach 1960 auf der Basis von bisher in der Gymnastik nicht vertretenen Zielsetzungen Gymnastikformen wie die *Rhythmische Sportgymnastik* und die *Jazzgymnastik,* die beide Eingang in die Schule gefunden haben. (Rhythmische Sportgymnastik s. S. 14ff.; Jazzgymnastik, abgeleitet aus Trainingsformen des Jazztanzes, vgl. S. 30ff.).
Die hin und wieder auftauchende Bezeichnung *Moderne Gymnastik* ist innerhalb eines Systematisierungsversuchs von Erscheinungsformen der Gymnastik wenig brauchbar, da der Begriff „modern“ keine Aussage über ein spezielles Merkmal bestimmter Gymnastikrichtungen macht, seine Einordnung vom Standort des Betrachters abhängig (also relativ) ist, und somit der Begriff „modern“ verschieden interpretiert werden kann.

Was kennzeichnet die Rhythmische Sportgymnastik?

Die Rhythmische Sportgymnastik (früher als „Wettkampfgymnastik" bezeichnet) ist eine mit dem Ziel des Leistungsvergleichs durchgeführte Form der Gymnastik mit den Handgeräten Seil, Reifen, Ball, Keulen und Band (1). Auf internationaler Ebene wird diese ausschließlich von Mädchen bzw. Frauen ausgeübte Sportart seit 1963 wettkampfmäßig betrieben. Seit 1967 ist neben dem Einzelwettkampf der Gruppenwettkampf (6 Gymnastinnen) in das offizielle Programm aufgenommen worden.

Grundsätzlich werden alle Übungen in Verbindung mit Musik (meist Klaviermusik) ausgeführt. Bei der Zusammenfassung der Übungen in Form von Mehrkämpfen mit wechselndem Pflicht- und Küranteil wird eine Differenzierung des Schwierigkeitsgrades der einzelnen Übungen in sogenannte „Leistungsklassen" vorgenommen.

Die vergleichende Punktwertung macht genaue Vorschriften in Hinblick auf Wert und Anzahl der Schwierigkeiten einer Übung, Beschaffenheit der Geräte (Form, Gewicht, Material), Bodenflächengröße, Dauer der einzelnen Übungen, Kleidung der am Wettkampf Beteiligten erforderlich. Pflichtübungen – die Ausschreibungen erscheinen jährlich im „Aufgabenbuch des Deutschen Turnerbundes" – werden auf der Basis festgelegter Ausführungskriterien bewertet, Kürübungen nach Ausführungs- und Kompositionskriterien. Die Schwierigkeitsgrade der verschiedenen Bewegungselemente mit Handgerät und auch die technische Handhabung der Handgeräte sind in den „Wertungsvorschriften" für die Rhythmische Sportgymnastik tabellarisch aufgelistet. Bewegungselemente, die in den Schwierigkeitstabellen nicht erfaßt sind, werden – wenn sie sich in der Wertung niederschlagen sollen – nach ihrem „mittleren" oder „höheren" Schwierigkeitsgrad eingestuft.

Entsprechend werden die von den allgemeinen Wettkampfbestimmungen und von den festgelegten Ausführungs- und Kompositionskriterien abweichenden Gerät-, Musik- oder Bewegungsformen als „Fehler" geahndet. Die Gewichtung in „kleine", „mittlere" und „große" Fehler macht wiederum eine verhältnismäßig exakte Umsetzung in entsprechende Punktverluste möglich.

Das Betreiben von Rhythmischer Sportgymnastik setzt ein Training voraus, das zum großen Teil von ausgewählten Exercice-Formen des klassischen Balletts abgeleitet ist. Dabei liegt der Trainingsschwerpunkt insbesondere auf der Verbesserung der Rumpf- und Schultergürtelbeweglichkeit, der Spreizfähigkeit der Beine, der Rumpf- und Bein- bzw. Fußkraft und der Verbesserung des Gleichgewichtsvermögens (als Voraussetzung für Halten, Stände und Drehungen).

Ein zweiter Trainingsschwerpunkt liegt in der Perfektionierung handgerätspezifischer Techniken, die ein außerordentlich hohes Maß an Koordinationsfähigkeit voraussetzen.

Zunehmend häufiger werden in den letzten Jahren akrobatische Elemente in die Kürübungen mitaufgenommen.

Auf welchen Gestaltungs- und Ausführungskriterien basiert die Rhythmische Sportgymnastik?

Bei der Gestaltung einer Einzelübung müssen laut Wertungsvorschriften folgende Gestaltungs- und Ausführungskriterien beachtet werden:

Gestaltungskriterien: Die Kürübung muß eine vorgeschriebene Anzahl von wertmäßig festgelegten Schwierigkeiten enthalten.

Die Bewegungen müssen den rhythmischen und dynamischen Strukturen der musikalischen Begleitung entsprechen.

Die Kürübung soll einen „technischen Wert" haben, das bedeutet, daß z. B. die ausgewählten Schwierigkeiten auf die gesamte Länge der Übung verteilt werden; daß die Bewegungselemente ebenso wie die musikalische Begleitung unter dem Gesichtspunkt der Vielseitigkeit ausgewählt werden; daß die

(1a–e) Handgeräte in der Rhythmischen Sportgymnastik: Ball, Seil, Keulen, Reifen, Band

gesamte Bodenfläche sowie die verschiedenen Raumebenen und -richtungen miteinbezogen werden.
Die Kurübung soll „originell“ sein, d. h. neue Elemente und Bewegungsverbindungen enthalten.
Ausführungskriterien: Die bewegungstechnische Ausführung darf keine Mängel enthalten. Als solche werden z. B. angesehen:
– Isolierte Arbeit eines Körperteils statt Ganzkörperansatz; mangelnde Körperspannung oder Streckung verschiedener Körperteile (insbesondere der Füße); Drehungen auf der ganzen Sohle statt auf dem/den Ballen; mangelnde Elastizität bei der Landung nach einem Sprung; mangelnde Bewegungsweite und Dynamik; mangelnde „Leichtigkeit“ und „Eleganz“; unmotivierte Unterbrechung des Bewegungsrhythmus
– Abweichen von den eingeschlagenen Bewegungsrichtungen und -ebenen bei der Handhabung der Geräte; ungenügende Koordination zwischen Körper- und Gerätbewegung; Unterbrechung des Bewegungsflusses beim Gerätewechsel von einer in die andere Hand; Berührung der Körperteile, die nicht durch das Bewegungselement mit einem Handgerät beansprucht werden; Verlust eines Gerätes; gebeugte statt gestreckter Arme beim Wurf eines Gerätes.

(2) Gruppengymnastik, eine Form der Rhythmischen Sportgymnastik

3. Erscheinungsformen des Tanzes

Welche Erscheinungsformen lassen sich im Bereich des Tanzes unterscheiden?

Aus der geradezu verwirrenden Fülle von Ausprägungen und Auffassungen von Tanz werden nachfolgend einige Erscheinungsformen, die besonders nachhaltige Einflüsse auf Tanzformen unserer Zeit ausgeübt haben/ausüben, ausgewählt und der jeweilige gesellschaftliche Hintergrund und die davon mitbeeinflußten bewegungstechnischen Ausprägungen der verschiedenen Tanzstile zumindest ansatzweise aufgezeigt:

Folkloretanz
Gesellschaftstanz
Rocktanz (übergeordnete Bezeichnung für Tänze nach Rockmusik, z. B. Rock 'n' Roll, Twist, Beat, Soul usw.)

Jazztanz (zum Teil) klassischer Tanz/klassisches Ballett Moderner Tanz (Ausdruckstanz; Modern Dance) Mischformen verschiedener Tanzstile Tanztheater Revuetanz/Varieté.	Bühnentanz

Was umfaßt der Begriff „Ballett“?

Der vieldeutige Begriff „Ballett“ (französisch ballet, italienisch balletto von ballo = Tanz) kann sich beziehen auf:

Bühnentanz im engeren Sinne: – auf den klassischen (oder klassisch-akademischen) Tanz als Gattungsbegriff in Abgrenzung zum „Freien Tanz“ oder „Modern Dance“
– auf eine Bewegungskomposition (Choreographie), die auf den Prinzipien der klassischen Ballett-Technik basiert und an Musik gebunden ist.

Bühnentanz im weiteren Sinne, wonach auch organisierter und stilisierter Folkloretanz (als Schautanz), Jazztanz usw. als „Folklore-Ballett“, „Jazz-Ballett“ usw. bezeichnet werden

das ausführende Tanzensemble, die Ballettkompanie (z. B. „Ballett der Deutschen Oper am Rhein“)

eine musikalische Komposition, die speziell für den Tanz geschrieben worden ist (Ballettmusiken wie „Nußknacker-Suite“ von Peter Tschaikowski; „Petrouschka“ von Igor Strawinski).

3.1 Folkloretanz

Welche Merkmale sind spezifisch für Folkloretänze, und wie lassen sich diese voneinander abgrenzen?

Volkstänze (Synonym für Folkloretänze) sind weitgehend die Basis für Tanzkultur überhaupt; sowohl der Gesellschafts- als auch der Bühnentanz sind größtenteils vom Volkstanz (und auch vom Kulttanz) beeinflußt.
Volkstänze – charakteristisch geprägt durch die zum Tanz gehörende Instrumental- oder Vokalmusik – sind in verschiedenen Bevölkerungsschichten durch direkte Überlieferung entstanden. Sie stehen in unmittelbarer Verbindung mit der Geschichte, der Sprache, der Landschaft und den Lebensgewohnheiten einer Volksgruppe, d. h., die Tänze sind in Verbindung mit Laut, Klang, Maske, zuweilen auch mit verschiedenartigen Gegenständen in Sitten und Gebräuchen bestimmter Gruppen fest verwurzelt.
Nicht jeder Tanz, der von bestimmten Volksgruppen ausgeführt wird, ist schon gleich ein Volkstanz, sondern erst dann, wenn ein Tanz in einer Volksgruppe selbst entwickelt worden ist, wenn er bewahrend überliefert wird oder wenn sich eine Volksgruppe in produktiver Weise einen „fremden“ Tanz aneignet, z. B. durch Umformung. Die Umformung oder Veränderung ist – als ein Ergebnis mündlicher Überlieferung – das spezifischste Merkmal der Folklore.

Es zeugt vom „Leben" eines Volkstanzes, wenn ihm keine einheitliche, immer gleiche Form eigen ist, d. h., wenn es gewisse Unschärfen von Gestalten und Darstellungsweisen, wenn es verschiedene Versionen ein und desselben Volkstanzes gibt; das gilt für die Bewegungs- und Gruppierungsformen des Tanzes und auch für die rhythmisch-melodischen Strukturen der Volkstanzmusik. Die Veränderung der Tänze, der Musiken und auch des Instrumentariums vollzogen sich jeweils in Abhängigkeit von der wirtschaftlichen und sozialen Entwicklung der betreffenden Volksgruppe und deren Bedürfnissen.

Volkstänze können abgegrenzt werden:
nach ihrer *Herkunft:* z. B. deutsche Tänze, griechische Tänze (nationsgebunden); niederdeutsche Tänze, rheinische Tänze, makedonische Tänze (regionsgebunden)
nach *Stand und Beruf* der tanzenden Volksgruppe: z. B. Bauerntanz, Gesellentanz, Handwerker-, Hirten-, Bürgertanz
nach *Brauchtum, Ereignissen und Festtagen, kalendarischem Jahresablauf:* z. B. Brauttanz, Hochzeitstanz, Totentanz, Maien-, Fastnachts-, Kirmestanz, wobei die Tänze oft an vergessene oder verkümmerte Kulte gebunden waren/sind
nach *Alter und Geschlecht* der Tanzenden: z. B. Tanz der jungen Mädchen, Tanz der Männer;
nach verwendeten *Requisiten, Art und „Inhalt"* der Tänze: z. B. Masken-, Schwert-, Hahnentanz, Siebensprung, Dreher
nach *Bedeutung* der Tänze: z. B. Werbetanz, Kriegstanz
nach der *Organisationsform:* Aufstellung des einzelnen, eines Paares oder einer Gruppe; Zuordnung untereinander und im Raum, z. B. Paartanz, Kreistanz, Reihentanz.

In welchen Überlieferungsformen können Volkstänze auftreten?

1. Das Ton- und Bewegungsmaterial des Volkstanzes wird von Generation zu Generation „mündlich" weitergegeben und bleibt als National- oder Lokaltanz eng auf seinen Entstehungsbereich beschränkt (vgl. S. 17). Diese Kategorie der ursprünglichen Volkstanztradition hat sich heute nur noch in den Randzonen Europas (und auch hier nur noch spurenweise) erhalten.

2. Das Bewegungs- und Tonmaterial des Volkstanzes wird schriftlich fixiert und kann somit in fremde Regionen und Länder „exportiert" werden. Statt mit Live-Musik wird nach Schallplattenaufnahmen getanzt, die mit High-fidelity-Qualität in Tonstudios gemacht worden sind. Hierbei verändert sich unweigerlich der eigentliche Charakter der Tänze in seiner Substanz und Darstellungsart. Diese Kategorie findet man größtenteils bei der Volkstanzpflege heute vor.

3. Volkstänze werden zwecks Bühnendarstellung (Fremdenverkehr, Folklore-Festivals) oder Volkstanzwettbewerben einstudiert, was notwendigerweise mit Bearbeitungen, Musik-Arrangements und präzisen choreographischen Ausarbeitungen einhergehen muß.

4. Elemente des Bewegungs-, Ton- und Rhythmusmaterials von Volkstänzen werden isoliert und zu Gesellschaftstänzen stilisiert (vgl. Gesellschaftstanz, S. 24).

Zwischen den aufgezeigten Überlieferungsformen von Volkstänzen gibt es unzählige Übergänge und Verfließungen. Aufgrund dieser Mischungen von Volkstanzformen werden die Qualität und tänzerische Kompetenz eines Folkloretänzers heute weniger durch seine Herkunft als durch seine Fähigkeit zur rhythmischen und dynamischen Nachgestaltung bestimmt.

Unter den überlieferten Tänzen gibt es einige Tänze, die sich weit über das Ursprungsland verbreitet haben und als „International Dances" bekannt geworden sind:

Der nordamerikanische *Mixer* ist ein Tanz, der vorwiegend im federnden Gehen mit aufrechter Rumpfhaltung ausgeführt wird. Er ist partnergebunden und wird entweder in Kreisaufstellung (Round Dances), Gassenaufstellung (Contra Dances) oder Viereckaufstellung (Square Dances) mit ständigem Figuren- und Partnerwechsel getanzt.

Der südosteuropäische *Kolo,* typisch für Jugoslawien, Bulgarien, Rumänien, Griechenland und auch Israel, ist ein Kreis- und/oder Kettentanz, der partnergebunden getanzt wird/werden kann.

Welche Fassungen, Schrittformen und Raumfiguren sind typisch für den nordamerikanischen Mixerstil?

Entsprechend der Herkunft des Mixers werden weitgehend die englischen Bezeichnungen für Fassungs-, Schritt- und Raumformen übernommen.

Allemande (oder Handtour): In Einhandfassung rechts oder links mit senkrecht nach oben gehaltenem Unterarm (3) einen Rechts- oder Linkskreis ausführen.

Balance: Aus geschlossener Fußstellung einen Schritt vor- oder seitwärts setzen; frei gewordenen Fuß neben den Standfuß unbelastet stellen (tap), entweder mit der Fußspitze (toe tap), mit dem Ballen (ball tap, Abb. 4), mit flachem Fuß (flat tap) oder mit der Ferse (heel tap).

Butterfly-Fassung: Paarfassung, bei der sich die Tanzpartner gegenüberstehen und die Handflächen in Schulterhöhe gegeneinander legen (5).

Chug: Kleiner Schlußsprung rückwärts oder vorwärts.

Dosido (auch Dosado oder Back to Back): Tanzpartner in Gegenüberstellung. Beide gehen einen Kreis ohne Frontveränderung rechts- oder linksschultrig umeinander herum; häufige Armhaltung: Unterarme in der Vorhalte verschränkt (6).

Forward and Back: In Kreisaufstellung mit Handfassung zur Kreismitte vor- und an den Ausgangsplatz zurückgehen (7 a); auch in Gegenüberstellung zweier Paare (7 b).

Grand Chain: Partneraufstellung im Kreis, der Herr mit der Front in Tanzrichtung, die Dame in Gegenüberstellung.
In Kettenform im großen Kreis aneinander vorbeigehen und sich abwechselnd die rechten und linken Hände geben (8).

(3)

(4)

(5)

(6)

(7a)
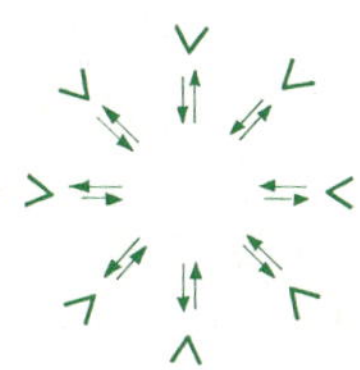

(7b)

(8)
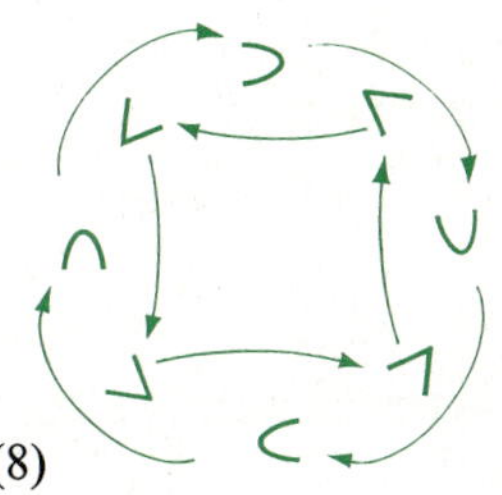

Λ = Herr ∩ = Dame

Offene Fassung: Die gebräuchlichste Paarfassung, bei der die Tanzpartner nebeneinander stehen (Tänzerin rechts) und die inneren Hände gefaßt halten (9).
Promenade: In Tanzrichtung mit dem Partner auf der Kreislinie vorwärtsgehen, in offener Fassung, in Kreuzfassung (10a) oder in Zweihandfassung in Schulterhöhe bei seitlicher Hintereinanderstellung (10b).
Right and Left through: Gegenüberstehende Paare gehen aufeinander zu, dann in Einhandfassung rechts rechtschultrig aneinander vorbei, um abschließend auf dem gegenüberliegenden Platz in Einhandfassung links mit dem eigenen Partner den Platz auszutauschen. Wiederholung dieser Platzwechselform, bis der Ausgangsort wieder erreicht ist.
Star: Paare stehen in Flankenkreisaufstellung (11); durch Fassung des rechten (right hand star) oder linken (left hand star) Handgelenkes des jeweiligen Vordertänzers wird die Form eines Sterns (oder auch Mühle) gebildet.
Swing: Paarweise Rechtsdrehung um den rechten Fuß mit jeweiligem Abstoß des linken Fußes (12).

(9)

(10a)

(10b)

(11–12) Swing-Fassungen in Gegenüberstellung

Welche Raum- und Gruppierungsformen sind in europäischen Volkstänzen am meisten verbreitet?

Die häufigsten Gruppenaufstellungen sind der *Kreis*, die *Reihe* und die *Kette*. Dabei bewegen sich die Tänzer entweder unabhängig vom Partner, oder sie sind durch verschiedenartige Fassungen mit einem oder mehreren Partner(n) verbunden. Beim *Kreis* wird der Kreismittelpunkt ständig umtanzt.

(13) Kreisformen

(14) Bezeichnungen für Fortbewegung auf der Kreisbahn

Der Kreis kann in vielen Varianten auftreten: Kreisverengung zum Mittelpunkt, Kreiserweiterung, Kreisverdopplung (ein Kreis in einem anderen mit gleich- oder gegenläufiger Bewegungsrichtung), Kreisvervielfachung (ein Kreis neben einem anderen), Unterbrechung der Bewegungsrichtung und des Bewegungsflusses durch Richtungswechsel, Halten und Zwischenbewegungen vor Beginn einer neuen Kreisrunde.

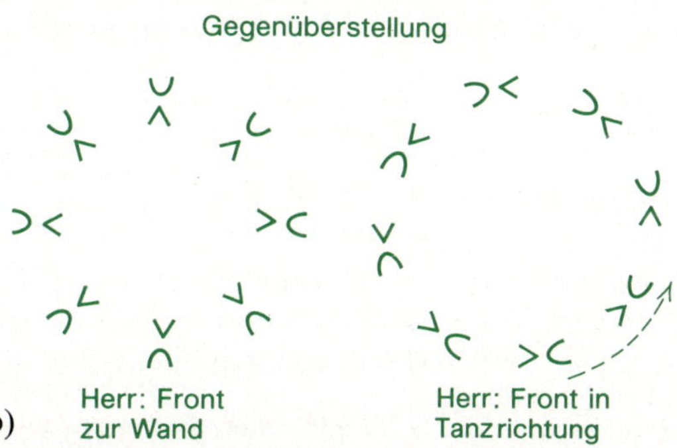

(15a–b)

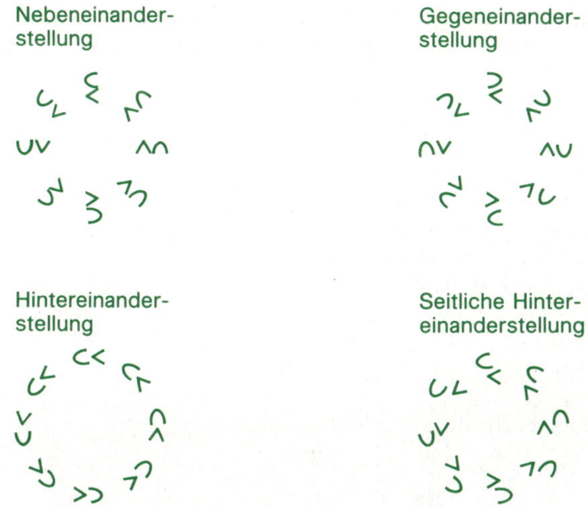

(15 c–f) Beispiele für Paaraufstellung im Kreis

Beim *Kettentanz,* der vorherrschenden Tanzform in Südosteuropa (Kolotänze), gehen, laufen, hüpfen und springen Tänzer in einer langen Reihe, einzeln oder in verschiedenen Fassungen.

(16) Fassungen in der Hintereinanderstellung

(17) Fassungen in der Nebeneinanderstellung

Alle genannten Fassungen sind auch in Kreistänzen möglich. Kettentänze ermöglichen verschiedene Varianten an Raumfiguren („Bodenornamenten") durch unterschiedliche Fortbewegung in Spiral-, Schlangen- oder Achtform. Diese Raumfiguren können noch zusätzlich verändert werden durch Austausch und verschiedenartige Angliederung von Kettengliedern, die sich zwischenzeitlich aus der Kette gelöst haben.

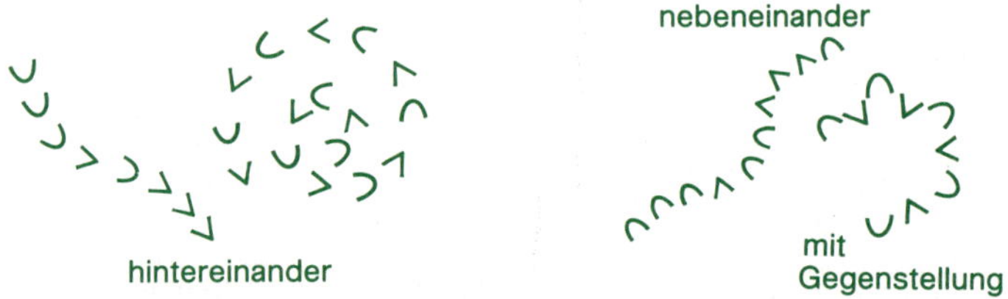

(18) Kettenformen

Der *Reihentanz* – neben dem Kreistanz die vorherrschende Form in Mitteleuropa – wird in verschiedenen Aufstellungsformen getanzt (18). Die Stirnreihe zueinander, Grundform der zweigeschlechtlichen Tanzformen, bildete die Hauptgruppierungsform im Ballett des Barock und gab vielen Volkstänzen (Contre, Quadrille, Kolonnentänze usw.) durch vielfältige Möglichkeiten des Mit-, Gegen- und Durcheinanderbewegens, des Sichkreuzens und Entkettens ihr Gesicht.

(19) Aufstellungsformen in Stirnreihe

(20) Volkstanz Syrtor (Zypern)

3.2 Gesellschaftstanz

Was versteht man unter Gesellschaftstanz, und in welchen Erscheinungsformen tritt er auf?

Der Begriff „Gesellschaftstanz" ist mehrdeutig, da sehr viele Formen von Tanz jeweils von bestimmten gesellschaftlichen Gruppen (je nach Alter, Interessen, Beruf, Schichtenzugehörigkeit usw.) ausgeübt werden. In diesem Sinne sind auch Folklore-, Rocktänze usw. Gesellschaftstänze. Heute werden jedoch mit Gesellschaftstanz in der Regel standardisierte Paartanzformen bezeichnet, die bei „geselligen" Anlässen getanzt und von Tanzschulen aufgegriffen, erhalten, weitervermittelt und teilweise auch verändert und erneuert werden. Die heutigen Gesellschaftstänze haben sich zum großen Teil aus folkloristischen Bewegungselementen entwickelt, die vereinheitlicht und in bezug auf Schrittfolgen, Gesten und Haltungen festgelegt wurden. Gesellschaftstänze sind z. B. die das Lehrprogramm von Tanzschulen bestimmenden Standardtänze: langsamer Walzer, Tango, Quickstep, Slowfoxtrott und Wiener Walzer und die lateinamerikanischen Tänze: Rumba, Samba, Cha-Cha-Cha, Pasadoble und Jive. Darüber hinaus zählen heute zum Gesellschaftstanz auch sogenannte Disco- und „Mode"-Tänze.

Der Turniertanz: Er ist die (leistungs-)sportliche, in Körperhaltung, Bewegung und auch Kleidung („Turniermode") stilisierte bzw. perfektionierte Form des Gesellschaftstanzes. Im Gegensatz zum Volkstanz und zu o. g. Erscheinungsformen des Gesellschaftstanzes gehört der Turniertanz wie der Bühnentanz zum Schautanz, der Zuschauer voraussetzt. Die Idee des Tanzsports ist entstanden, als man begann, die tänzerische Leistung verschiedener Einzelpaare auf nationaler und internationaler Ebene zu vergleichen. Der Leistungsvergleich wiederum machte genaue technische und gestalterische Bewertungskriterien erforderlich, die in der *Turnierordnung*

(21) Paartanz im lateinamerikanischen Stil: „luftigere", knappere Kleidung bei Damen und Herren

(22) „Standard“-Formation (Gruppentänze mit Bewegungselementen aus Standardtänzen): rauschende Tüllkleider bei den Damen, Smoking oder Frack bei den Herren

festgelegt sind (Takt- und Grundrhythmus; senkrechte und waagerechte Körperlinien; Bewegungsablauf; rhythmische Gestaltung; Fußarbeit).
Ausgetragen wird das Turnierprogramm mit seinen feststehenden Grundformen in den Standard- und lateinamerikanischen Tänzen als Wettkampf von Paaren in verschiedenen Alters- und Leistungsklassen und als Formationstanz mit festgelegter Choreographie als Wettkampf von Gruppen, sowohl für Professionelle als auch für Amateure.
Die Auswahl, Variation und Kombination des schwierigen, häufig in hartem Training erarbeiteten Figurenmaterials wird – bedingt durch die ausschließliche Orientierung am zu vergleichenden Endprodukt – von Gesichtspunkten potentieller Bewertung geleitet.

Wie entstanden Gesellschaftstänze, und welche Einflüsse spiegeln sich im Laufe der Jahrhunderte in ihnen wider?

Solange Gesellschaftstanz existiert, wechselten sich Perioden, in denen Normen und Formen gesetzt und akzeptiert wurden, mit solchen, in denen die schulmäßige Formung und Stilisierung der Tänze durchbrochen wurden, regelmäßig ab (vgl. ähnliches Phänomen im Kunsttanz, S. 46). Die eine Periode war bestimmt durch eine Gesellschaftsschicht, die ihr öffentlich-geselliges Verhalten streng kanonisierte. Wer ihren Normen entsprechen durfte, wollte und konnte, war „in", alle anderen waren „out". Die andere Periode äußerte sich u. a. in neuen Tanzformen, neuem Tanzmusikstil, neuer Kleidermode, neuen „Benimm"-Formen, andersartigem Verhalten der Tanzpartner usw. Dabei markierte die Absage an die bisher gültigen Normen jeweils das Ende der historischen Epoche, die die entsprechenden Normen hervorgebracht hat.
Bis in die jüngste Zeit wirkten Volks- und Gesellschaftstanz ständig aufeinander ein, wobei der Gesellschaftstanz den Volkstanz wesentlich seltener befruchtete als umgekehrt.
Die Gesellschaftstänze des 16. und 17. Jahrhunderts z. B. waren ausschließlich an die aristokratische Gesellschaft gebun-

(23) Menuett als Beispiel für den höfischen Gesellschaftstanz; das Foto gibt nicht die Haartracht der damaligen Zeit wieder (kunstvoll gestaltete Perücken); Ensemble „Historischer Tanz Berlin", Leitung: Karl Heinz Taubert

den und wurden nur an (zunächst italienischen, später auch französischen) Höfen getanzt. Die Beherrschung der höfischen Tanzformen (Pavane und Gagliarde oder Gaillarde, Allemande, Courante, Sarabande, Gigue, Gavotte, Bourrée, Chaconne, Branle, Menuett u. a.) galt als „sittlich-gesellschaftliche Notwendigkeit“, als „strenges aristokratisches Exerzitium“.

Einige der genannten Tänze (Sarabande, Courante, Menuett) wurden von allen übrigen europäischen Fürstenhöfen übernommen und bis ins kleinste Detail stilisiert (z. B. Menuett). Seit der Französischen Revolution verlor der Gesellschaftstanz seine großen Formen und zeremoniellen Bindungen und wurde zum geselligen Vergnügen, zum zwanglosen Spiel und Zeitvertreib der nicht höfischen bürgerlichen Ober- und Mittelschicht. Wien und Paris begannen mit der Eröffnung von Ballsälen und Tanzlokalen für jedermann. Mit dem Zusammenbruch der Adelsherrschaft kam der Walzer als geschlossener Paartanz des Dritten Standes auf gegenüber den bisherigen Gruppen- und Figurentänzen, die aufgrund ihrer choreographischen Fixierung und der festgelegten Kleidung (Reifrock) deutliche Distanz zum Tanzpartner erforderlich machten. Das Auftreten des Walzers, der sich im 19. Jahrhundert neben der Polka, dem Galopp, Cancan und der Mazurka am meisten verbreitete und sich aus höfischem Menuett und volkstümlichem Ländler entwickelt hatte, wurde nicht nur als unerhörter Verstoß gegen die Konvention des bis dahin gesellschaftlich akzeptierten Tanzverhaltens, sondern – wie später auch der Charleston, Rock 'n' Roll u. a. – als „Bedrohung der Kultur“ erlebt.

Während bis zur Jahrhundertwende alle Gesellschaftstänze und ihre Musik in Europa entstanden, drangen Anfang des 20. Jahrhunderts – beeinflußt durch die nach Amerika importierten afrikanischen Sklaven – erstmals süd- und nordamerikanische Tanzformen afro-amerikanischen Ursprungs in den europäischen Gesellschaftstanz ein: Boston, Tango, Onestep, Twostep, Ragtime, Foxtrott, Slowfox, English Waltz (Langsamer Walzer), Charleston, Swing, Boogie u. a. Sie alle wurden – genauso wie die nach dem Zweiten Weltkrieg dazukommenden lateinamerikanischen Tänze Mambo, Cha-Cha-Cha, Rumba, Calypso, Samba u. a. – nach kurzem Weiterleben in ihrer ursprünglichen Form in genauen Bewegungsmustern fixiert.

Einen starken Einfluß auf den heutigen Gesellschaftstanz in seinen verschiedenen Ausprägungen hat die Unterhaltungs- bzw. Vergnügungsindustrie, die die Modenormen in bezug auf Tanz und Tanz-/Unterhaltungsmusik setzt. Diese Normen sind weit entfernt von den spezifisch folkloristischen Eigenarten der zum festen gewachsenen Formenbestand einer Personen- bzw. Volksgruppe gehörenden Volkstänze. Die Musik-/Schallplattenindustrie nutzt zwar die Quellen folkloristischen Ursprungs, fischt aber auch ebenso gern aus kommerzielleren Gewässern der Tanzmusikindustrie, des Showgeschäfts und des Schlagermarkts, um aus der Mixtur einen leicht verkaufbaren Massenartikel zu erzeugen: den Musik-Hit und den Modetanz. Der Wunsch nach Umsatz seitens der Unterhaltungsindustrie und das Bedürfnis nach Abwechslung seitens der Konsumenten bestimmen dabei die – meist kurze – Lebensdauer und die ständige Neuproduktion dieser oft nur minimal veränderten Musik- und Tanz-„Artikel“.

Welche Normen wurden den Verhaltenszwängen des Gesellschaftstanzes durch den Rockstil gegenübergestellt?

Die Rockwelle brachte Widerstand, brachte Protest gegen festgefahrene Traditionen, gegen Stilisierungen und Verhaltensnormen (u. a. auch gegen die im Gesellschaftstanz) der herrschenden Gesellschaftsschichten und deren Rollenerwartungen. Aus der in Liverpool (England) beginnenden Beat-Bewegung wurde eine Massenbewegung, die die Pop-Kulturen aller Kontinente durchzog/durchzieht. Beat war von Anbeginn an nicht nur ein musikalisches Phänomen, wenn es auch für viele nichts weiter als eine klingende, jederzeit verfügbare Konsumware (gewesen) ist. Experimentelle Versuche, immer wieder neue Verbindungen mit anderen Medien einzugehen, halten weiterhin an (z. B. Pop-art- oder Multi-Media-Veranstaltungen; vgl. auch Tendenzen im zeitgenössischen Tanz, S. 46–50).

Die Frage stellt sich nun, wie sich das Rockphänomen im Tanz widerspiegelt. Das Bedürfnis nach Tanzformen, die einen größeren Spielraum zur Bewegungsimprovisation und Selbstdarstellung zuließen, schlug sich in Tanzformen nieder wie Jitterbug, Rock 'n' Roll der fünfziger Jahre, Twist, Hully Gully, Slop, Bossa nova Anfang der sechziger Jahre, Beat- und Soultanz ab dem Ende der sechziger Jahre bis zu neuesten Modetänzen.

Entsprechend den für Rockmusik typischen afro-amerikanischen musikalischen Elementen, basiert der Tanz nach Rockmusik auf Bewegungstechniken, die ebenso afro-amerikanischer Herkunft sind, vor allem auf polyzentrischer Isolationstechnik (vgl. bewegungstechnische Grundprinzipien des Jazztanzes, S. 30 f.), wobei im Rocktanz insbesondere Bewegungen des Beckens mit denen anderer Körperzentren kombiniert werden. Mit den sich größtenteils am Platz abspielenden binnenkörperlichen Bewegungen wird das jahrhundertealte Prinzip des raumausgreifenden Schreit- und Lauftanzes aufgehoben.

Der neue Rockstil überläßt dem Tänzer die Art und Weise des Nachvollzugs der Musik. Niemand kontrolliert die „Richtigkeit" von Bewegungen, Schritten, Figuren, Haltungen, von Mimik oder Gestik.

Gegenüber der festgelegten Paarbeziehung im Gesellschaftstanz ermöglicht der Rocktanz (Sammelbegriff für Beattanz, Soultanz u. ä.) vielfältige Sozialformen: Gemischtgeschlechtliche Freundschaftspaare, gleichgeschlechtliche Freundschaftspaare, Cliquen und vor allem – bedingt durch die Aufhebung der Körper- bzw. Handfassung – den Einzeltänzer, sozusagen sichtbarer Vertreter tänzerischen Individualismus.

Was die sexuelle Komponente anbelangt, so müssen im Rocktanz Sinnlichkeit und Sexualität nicht unterdrückt oder verdrängt oder – wie im Gesellschaftstanz – in stilisierten Bewegungsformen dargestellt werden; im Gegenteil: Erotisierende Bewegungen, eine symbolisierte Darstellung des Geschlechtlichen machen ein wesentliches Charakteristikum des Rocktanzes aus.

Überkommene geschlechtsspezifische Rollenmuster und ritualisiertes Bewegungsverhalten lösen sich bei Tänzern nach Rockmusik scheinbar auf. Ein flüchtiger Beobachter kann den Eindruck gewinnen, als ob die Tanzenden sich nach jeweils individuellen Maßstäben bewegen. Und doch lassen sich aus den zahlreichen, zunächst unterschiedlich erscheinenden Bewegungs- und Verhaltensweisen „heimliche" Verhaltensmuster herausschälen, die sich (meist unbewußt) orientieren an Modeströmungen (in bezug auf Haartracht, Kleidung, Körperhaltung, Mimik, Gestik), an bewunderten Stars (Idolen) und deren Art, „sich zu geben". Die versteckte Normierung setzt jeden, der die Spielregeln nicht beachtet, der Gefahr aus, nicht „in" zu sein. Um dem meist gefürchteten Außenseiterdasein (Isolation) zu entgehen, übernimmt der einzelne die an ihn gestellten „heimlichen" Rollenerwartungen (Bewegungs-, Kleidungs-Mode usw.); oder aber er schert provozierend aus, wirft „alte" Verhaltensmuster über Bord und versucht, durch (z. B. exhibitionistisches) Kontrastverhalten Aufmerksamkeit zu erlangen. Eine solche (meist unbewußte) Funktion, durch Protest auf sich aufmerksam zu machen, hatten anfangs auch Rockmusik und Rocktanz, ehe sie kommerzialisiert, „Mode" und damit quasi eingebürgert wurden.

Die Rockwelle umfaßt keine gesonderte soziale, sondern eine in erster Linie altersspezifische Schicht. Der Tanz nach Rockmusik nimmt einen der beliebtesten Plätze unter den Freizeitbeschäftigungen von Jugendlichen ein. Während die Stan-

(24) Tanz nach Rockmusik in einer Diskothek

dard- und lateinamerikanischen Tänze in der Bundesrepublik vornehmlich in Tanzschulen getanzt werden – die nach wie vor der bürgerlichen Mittelklasse vorbehalten bleiben –, werden Rocktänze weniger in Tanzschulen als in Beatschuppen, Diskotheken, Psychedelic Circuses, Jugendheimen u. a. getanzt.

In der Musik hat sich – wie im Tanz – der amerikanische Terminus *Rock* als übergeordnete Bezeichnung für diejenigen Musizierstile durchgesetzt, die auf afro-amerikanischen Elementen basieren, z. B. auf dem Off-beat (vgl. S. 33) in bezug auf die rhythmische Gestaltung oder auf die Art und Weise der Tonbildung, der Artikulation in bezug auf die melodische Gestaltung.

Wurden eine Zeitlang Rock 'n' Roll, Beat und Soul begrifflich voneinander getrennt, so werden heute die verschiedenen Musizierstile/Sounds dem Sammelbegriff Rock untergeordnet und u. a. unterschieden in:

Raga Rock: Erweiterung des Sounds durch die indische Sitar statt oder als klanglicher Zusatz zur Rockgitarre
Electronic Rock: Einsatz von elektronischen Geräten, z. B. Synthesizer, zur Herstellung von Rockstücken und auch bei Live-Auftritten
Hard Rock: Weiterentwicklung des Rock 'n' Roll-Stils
Heavy Rock: hochgradig verstärkte Rockmusik, bei der die Lautstärke das kennzeichnendste Element für den Stil/Sound der Rockgruppe ist
Baroque Rock: Verbindung von Rock und Strukturelementen der klassischen Musik; auch Rockversionen klassischer Werke
Jazz Rock: Verbindung von Rock und Struktur- bzw. Klangmerkmalen des Jazz
Soft Rock: leise Rockmusik im Gegensatz zum Heavy Rock; oft auch Verbindung von Rockmusik und folkloristischen Musizierstilen unter Einbezug ländlicher, traditioneller Instrumente.

3.3 Jazztanz

Aus welchen Wurzeln entwickelte sich der Jazztanz?

Die gemeinsame Wurzel des Jazz- und des von ihm abgeleiteten Rocktanzes sind die folkloristischen Tänze der Afroamerikaner. Der Jazztanz hat sich parallel zur Jazzmusik entwickelt, die ebenfalls in der Begegnung von afrikanischer und europäischer Musik auf amerikanischem Boden entstand.

Sowenig es für den Jazzmusikstil ein allgemein verbindliches Klangbild gibt, sondern vielmehr jeder Jazzmusiker darum bemüht ist, seine eigenen Ausdrucksmöglichkeiten auf seinem Instrument, d. h. seinen eigenen Sound zu finden, sowenig lassen sich Jazztanzstile auf einen Nenner bringen, da sie von den führenden Jazztanzvertretern ebenfalls individuell geprägt worden sind. Dabei hängen die verschiedenen Ausprägungsformen dieses Tanzstils jeweils von dem Grad und der Art der Mischung von afrikanischen und europäischen Musik- bzw. Bewegungselementen ab.

Ein Bewegungsprinzip scheint jedoch – gleich einer Basis – alle verschiedenen Jazztanzstile miteinander zu verbinden: Das Prinzip der *Isolation,* das es ermöglicht, die für Jazzmusik typischen rhythmisch-melodisch-dynamischen Spannungselemente körperlich nachvollziehbar zu machen, Spannungselemente, die – im Gegensatz zur traditionellen europäischen Musik – nicht in großen, sondern häufig sehr kurzen Spannungsbögen auf- und wieder abgebaut werden.

Was kennzeichnet das Prinzip der Isolation, und welche Körpergrundhaltungen und weiteren Bewegungsprinzipien sind eng an dieses Prinzip gebunden?

Isolation bedeutet, einzelne Körperpartien unabhängig voneinander (isoliert) zu bewegen. Der Körper wird dabei nicht als geschlossenes Ganzes eingesetzt (Ganzkörper- oder Totalbewegung) und nicht zentral, d. h. von der Körpermitte her kontrolliert; vielmehr bilden die einzelnen Körperpartien ihr eigenes, selbständig agierendes Zentrum: Kopf und Hals, Schultergürtel, Brustkorb, Becken, Arme und Beine. Diese *Hauptzentren* können nochmals in kleinere Regionen *(Areas)* aufgeteilt und als Nebenzentren isoliert eingesetzt werden,

der Schultergürtel in:	Schulterblätter und Schulter, rechte und linke Schulter
das Becken in:	rechte und linke Hüfte
die Beine in:	Oberschenkel, Knie/Unterschenkel, Fuß, Zehen
die Arme in:	Oberarm, Unterarm, Hand und Finger.

Kennzeichnendes Kriterium bei der Ausführung von isolierten Bewegungen (auch binnenkörperliche Bewegungen genannt) ist nicht mehr – wie größtenteils in europäischen Gymnastikrichtungen und Tanzstilen – der Bewegungsfluß und ein entsprechend fließendes Durchmessen des Raumes, sondern ebenso häufig das plötzliche Anhalten einer Bewegung, oft unter Betonung des Standortes (vgl. auch „Break“ und „Attack“, S. 35).

Die Isolationstechnik ist eng gebunden an eine *Körpergrundhaltung,* die der aufrechten, „linearen“ Körperhaltung der westlichen Tanzwelt (z. B. klassisches Ballett, europäische Folklore, Turniertanz) diametral entgegensteht: *Collapse-Haltung,* eine Körperhaltung afrikanischen Ursprungs. Sie ist gekennzeichnet durch eine mehr oder weniger starke *Beugung (Flexion)* der Kniegelenke, häufig gekoppelt mit einem leicht nach vorn gebeugten Oberkörper und leicht gebeugten Armen. Im Gegensatz zu dem traditionellen westlichen Bewegungsideal, den Körper leicht und schwerelos zu machen, d. h. die Schwerkraft zu überwinden, wird bei der Collapse-Haltung der Körperschwerpunkt tiefer verlagert, also der Schwerkraft nachgegeben und somit die Bodennähe des Körpers betont. Der Körper erhält dadurch eine solidere Standfe-

stigkeit, häufig zusätzlich intensiviert durch das Aufsetzen der ganzen Fußsohle anstelle des abrollenden Fußes bei Gewichtsverlagerungen. Darüber hinaus ermöglicht die Beugung der Sprung-, Knie- und Hüftgelenke einen direkten Ansatz von Dreh- und Sprungbewegungen, ohne daß Ausholbewegungen vorgeschaltet werden müssen. Auch während Flugphasen von Sprüngen wird die Beugehaltung oft nicht aufgegeben (s. Abb. 25a u. b).
Werden mehrere Isolationsbewegungen gleichzeitig ausgeführt, spricht man von *Polyzentrischer Isolation*, die neben den binnenkörperlichen Rumpfbewegungen außerdem die voneinander unabhängigen Bewegungen der Bein- und Armzentren und der verschiedenen Areas einschließt. Bewegen sich dabei die Körperpartien in gleiche Richtungen (z. B. Bekken re seit, Kopf re seit, s. Abb. 26a), spricht man von *Parallelbewegung* der Zentren, bewegen sie sich in verschiedene Richtungen – z. B. Becken re seit, Kopf li seit oder rück; oder re Arm streckt sich nach oben, re Bein beugt sich (Hoch-tief-Bewegung) – spricht man von *Gegenbewegung (Opposition)*. Auch innerhalb eines Zentrums sind Parallel- und Oppositionsbewegungen der verschiedenen Areas möglich (beide Schultern rück; re Schulter rück, li Schulter vor) oder innerhalb mehrerer Areas (verschiedene Winkelungen in Hand-, Ellenbogen- und Schultergelenk, s. Abb. 25c).
Drehen sich bei einer Oppositionsbewegung ein oder mehrere Körperzentren gegen eine fixiert gehaltene Körperpartie um die Körperlängsachse, so entsteht eine *Verwringung* oder *Verdrehung (Twist)* des Körpers (Schultergürtel dreht sich gegen Becken, s. Abb. 26b u. c).
Die simultane Kopplung verschiedener Isolationsbewegungen (polyzentrische Isolation) geht häufig einher mit dem Prinzip partieller Körperspannung; d. h. entgegen dem Prinzip der vom Körperschwerpunkt aus gelenkten Ganzkörperspannung und der daraus resultierenden Ganzkörper- oder

(25a–c) Jazztanztypische Haltungen im Sprung, Sitz und Stand

(26a–c) Parallel- und Oppositionsbewegungen

Totalbewegung (wie z. B. im Modern Dance nach der Technik von Martha Graham oder wie im klassischen Tanz) werden bei polyzentrischen Bewegungen ausgewählte Körperzentren in Spannung versetzt, andere hingegen zur gleichen Zeit in bewußt entspannter Haltung bewegt: z. B. locker nach vorn geworfener Unterschenkel („Kick"-Bewegung) gegen einen gespannten Schulter-gegen-Brustkorb-Twist oder: entspannte Schwungbewegungen des Kopfes gegen gespannte Beckenverschiebungen.

Durch welche Tanzstile wurde der Jazztanz im Laufe seiner weiteren Entwicklung beeinflußt?

Das Isolationsprinzip, die bewegungstechnische Basis schwarzafrikanischen Ursprungs, wurde im Zuge der Ausbreitung des Jazztanzstils durch Einflüsse des europäischen klassischen Balletts und des amerikanischen Modern Dance erweitert bzw. mit deren Bewegungselementen durchsetzt. Die Anleihen des Jazztanzes beim klassischen Ballett erfolgten durch Übernahme von Sprüngen, bei deren Ausführung Rumpf- und Extremitätenhaltung verändert wurden (z. B. statt Spannung und Streckung in Rumpf und Beinen gebeugter Rumpf und locker hängende oder verschieden gebeugte Bein- und Armareas). Ebenso wurden Drehungen des klassischen Balletts (Pirouetten u. ä.) übernommen und dem „erdgebundenen" Bewegungsstil des Jazztanzes angepaßt (z. B. durch Drehung auf ganzer Sohle des gebeugten Standbeins statt auf Fußballen oder -spitze, durch Parallelhaltung oder gar Einwärtsdrehung von Fuß- und Kniegelenk des Spielbeins) statt der im klassischen Tanz üblichen Auswärtsdrehung).

Der Modern Dance brachte durch *Martha Graham* (geb. 1893) das vom Wechsel des Ein- und Ausatmens abgeleitete Prinzip *Contraction-Release,* ein im Modern Dance ganzkör-

(27a–b) Contraction- und Release-Bewegungen innerhalb von Körperzentren

perlich angewandtes Bewegungsprinzip (S. 43 f.). Im Jazztanz dagegen wird dieses Prinzip vorwiegend innerhalb der Körperzentren eingesetzt und somit dem Isolationsprinzip untergeordnet, z. B. Contraction-Release in der Brustwirbelsäule (27 a), Contraction in der Lendenwirbelsäule und in Muskeln, die auf Knie-, Fuß- und Handgelenke einwirken (27 b).
Über die Einflüsse des klassischen Balletts und des Modern Dance hinaus fanden nach und nach auch Akrobatik- und Revueelemente Eingang in die Bewegungsformen des Jazztanzes, wobei neben virtuoser und artistischer Tanztechnik zusätzlich der Glanz und die Farbenpracht der Kostüme und der Bühnenbeleuchtung besonderes Gewicht erhalten.

Welche rhythmischen Phänomene der Jazz- und Popmusik sind bei einer Umsetzung in Bewegung von Bedeutung?

1. Der *Beat,* ein gleichmäßiger Grundschlag. Er bildet den metrischen Hintergrund bei vielen Jazzstilen (ausgenommen neuere Jazzformen, z. B. Free Jazz).

2. Der *Off-Beat* (wörtlich: weg vom Grundschlag), ein rhythmischer und melodischer Überbau des Beat. Der Off-Beat fällt mit seinen Akzenten zwischen die regelmäßigen Grundschläge, wodurch ein ständiger Konflikt zwischen dem Beharren des Beat und dem „Quertreiben“ des Off-Beat entsteht. Während der Beat das Grundschlaggebäude aufrecht erhalten will, versucht es der Off-Beat ständig zu zerstören.
So betont z. B. das Klavier innerhalb eines $\frac{4}{4}$-Taktes die Schläge 1 und 3, das Schlagzeug dagegen 2 und 4. Das darüber improvisierende Melodieinstrument erzeugt eine weitere Spannung durch eine von Klavier und Schlagzeug unabhängige Rhythmisierung, die durch Betonungen von nur annähernd notierbaren Zwischenwerten charakterisiert ist:

(28a–e) Ausschnitt aus einer Bewegungskombination im Jazzstil

Klavier:

Schlagzeug:

Melodieinstrument:

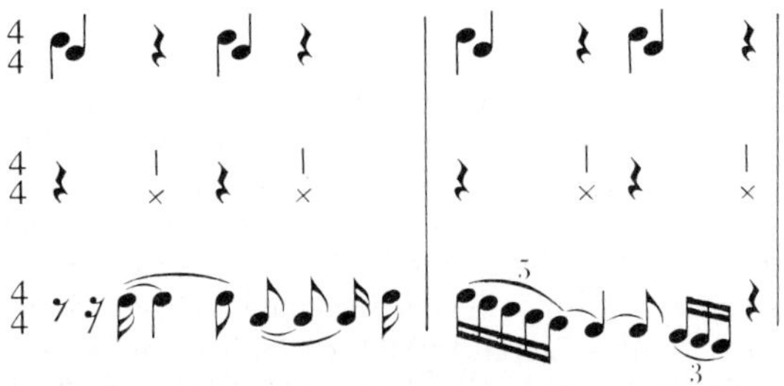

Meist werden über ein und demselben rhythmischen Grundmuster noch weitere verschieden rhythmisierte Abläufe übereinandergeschichtet (Polyrhythmik), die dann als rhythmisches Grundgefüge von melodischen Linien überlagert werden.

3. Der *Swing* (nicht zu verwechseln mit der Stilperiode des Jazz zwischen 1930 und 1945) entsteht u. a. aus der ständigen Spannung zwischen Beat und Off-Beat, zwischen Grundrhythmus und Gegenrhythmus. Dieses Spannungsverhältnis ist auf keine mechanistische oder mathematische Weise reproduzierbar oder notierbar. Viel eher wird es beim Zuhörer dadurch erzeugt, indem der Jazzmusiker den metronomartigen Beat mit einer gewissen Lässigkeit zu verpassen scheint oder dem Beat um Bruchteile von Sekunden vorwegläuft, um dann doch zu einem nicht voraussagbaren Zeitpunkt völlig ungezwungen und souverän den Schwebezustand aufzulösen, d. h. mit dem Beat zusammenzutreffen. Dieser swinging (schwingende) Wechsel von rhythmischer Lässigkeit und Präzision macht ein Wesentliches des nicht genau beschreibbaren (und daher auch nicht kopierbaren) Phänomens Swing aus.
4. Der *Break* (Brechung/Unterbrechung), das plötzliche Abbrechen/Aussetzen der Melodie- und Rhythmusgruppe zugunsten einer improvisierten Phrase eines Solisten.
5. Der *Attack* (wörtlich: Angriff, Anfall, übertragen: scharfe Akzentuierung) dient häufig zur Einleitung einer beginnenden Phrase.

Welche Aspekte sollten bei der Auswahl von Jazz- und Popmusik berücksichtigt werden?

In der Gymnastik- und Tanzpraxis werden sehr häufig Bewegungsabläufe aus dem Jazztanz mit Popmusik in Verbindung gebracht. Die Bevorzugung von Pop- anstelle von Jazzmusik liegt wohl darin begründet, daß Popmusik einfacher strukturiert ist und daher an den sich Bewegenden keine allzu hohen Anforderungen bezüglich einer Bewegungsumsetzung stellt. Außerdem gibt es innerhalb der Jazzmusik einige Stile (z. B. Be-bop, Cool-Jazz u. ä.), die eher zum Hören als zur Übertragung in Bewegung gedacht sind.
Die Popmusik hat viele charakteristische – insbesondere rhythmische – Elemente (vgl. S. 33/34) des Jazz übernommen, „populär“ gemacht, wie der Name sagt, sie damit auch abgenutzt bzw. verwässert. Daher sollte trotz möglicher Stimulierungs- und Motivierungseffekte bei der Auswahl von Popmusikstücken die Möglichkeit miteingeschlossen werden, daß gleichbleibende kompositorische Mittel, z. B. rhythmisch-melodische Klischees in Form von unaufhörlichen, monotonen Ostinati (das sind feststehende rhythmische oder melodische Figuren), gleichbleibende Tonstärken, Tonlagen, Klangfarben usw., d. h. allgemein, jegliches Fehlen von überraschenden Varianten von Klangeigenschaften auch desensibilisieren können.
Bei der Zielsetzung „Gestaltung“ sollte man grundsätzlich darauf achten, daß das ausgewählte Musikbeispiel nicht über die ganze Länge den u. U. verfestigten eigenen Hörgewohnheiten entgegenkommt, sondern einem – zumindest hin und wieder – auch unvorhergesehene, überraschende Impulse „zuspielt“.
Was vielen Stücken aus der Pop-Gattung fehlt (fehlen muß, sonst würden sie nicht populär), macht den Jazz zu dem, was er ist: Das Erwartete erscheint an unerwarteter Stelle, folgt später, wird vorweggenommen, erscheint in anderer Art oder entfällt ganz.

Zu welchem Zweck kann Jazz- oder Popmusik bei der Umsetzung in Bewegung eingesetzt werden, und wie kann die Umsetzung erfolgen?

Jazz- oder Popmusik kann *zur Begleitung eines gymnastischen Trainings* in der Jazztanztechnik (oft auch als „Jazzgymnastik“ bezeichnet) eingesetzt werden. Hierbei wird in der Praxis häufig nur ein einziges Strukturelement eines vielschichtigen Klanggeflechts, der Beat (Grundschlag), in der Bewegung aufgegriffen, um diesen durch Isolationsübungen am Platz oder in Fortbewegung (z. B. Jazz-walks), durch

Kombinationen verschiedener Bewegungsmotive nachzuvollziehen, entweder Schlag für Schlag oder in der Mischung von doppelt so schnellem oder doppelt so langsamem Tempo. Bei dieser Art Nachvollzug der Grundschlaglinie besteht – auf Dauer gesehen – die Gefahr, daß rhythmische Nuancierungen bzw. Auffälligkeiten (vgl. S. 33–35) buchstäblich „totgetreten" werden.

Pop- oder Jazzmusik kann *als Vorlage für eine Bewegungsgestaltung* (Improvisation und/oder Komposition) eingesetzt werden. Hierbei würde es nicht genügen, lediglich ein einziges Strukturelement eines komplexen Klanggebildes, z. B. den Beat, in der Bewegung aufzugreifen. Der Beat kann vielmehr einen Raum schaffen, in dem rhythmisch und dynamisch differenzierte Bewegung stattfinden kann.

Zwar ist es durchaus natürlich, wenn dem durch Beat und Off-Beat hervorgerufenen Spannungszustand in der Musik durch Ausgleichsbewegungen entgegengewirkt wird, jedoch sollten die – je nach Klangbeispiel mehr oder weniger häufigen – Akzentverlagerungen innerhalb einer Melodie (Off-Beat-Akzentuierung) und die Verschiebung geschlossener Phrasen vom Beat weg (Off-Beat-Phrasierung, Begriff Phrasierung vgl. S. 116), die Breaks und Attacks in der Bewegung aufgegriffen werden. Dies kann wechselweise geschehen:

durch kongruentes Bewegungsverhalten (vgl. S. 104) zu den rhythmisch-dynamischen Erscheinungsformen (z. B. beim Break durch einen plötzlichen Abbruch eines Gruppenablaufs zugunsten einer Solo-Improvisation; beim Attack durch eine nicht mit Ein- und Ausschwingphasen versehene, sondern eine plötzlich „hingeworfene", spotartig „fertige" Bewegung)

durch kontrastierendes und/oder autonomes Bewegungsverhalten (vgl. S. 105), wobei sich der Tanzende wiederum in ein Spannungsverhältnis zu den hörbaren rhythmisch-melodisch-dynamischen Spannungen des Musikstückes begibt (vgl. S. 105).

Dies setzt allerdings die Fähigkeit voraus, daß verschiedene rhythmische, melodische, und dynamische Abläufe eines Musikstückes und deren Spannungsverhältnisse unabhängig voneinander verfolgt werden können. Solch ein zusätzliches Spannungsverhältnis zwischen dem Tanzenden und der Musik könnte erzeugt werden durch ein dem Phänomen Swing ähnliches Bewegungsverhalten, das die Schwerpunkte der Musik in der Bewegung verzögert oder vorwegnimmt (Aufbau des Spannungsverhältnisses), um irgendwann „schußartig" mit einem hörbaren Akzent zusammenzutreffen (Abbau des Spannungsverhältnisses).

3.4 Klassischer Tanz/klassisches Ballett

Welche Anschauungen prägen die verschiedenen geschichtlichen Phasen des klassischen Balletts?

Seit Entstehung des klassischen Balletts (oder klassisch-akademischen Tanzes) haben sich die Phasen der Entwicklung bis zu einem Höhepunkt, Versuche der Erneuerung/Erweiterung/Reformierung, Perioden der Virtuosität, Maniriertheit und der sich damit einschleichenden Sinnentleerung, Perioden des Protestes gegen diese Sinnentleerung und wieder erneute Reformversuche in regelmäßiger Folge abgelöst.

Bereits in der Barockzeit (17. Jahrhundert) wird die elementare Bewegungslehre der klassischen Ballett-Technik (zu ihr gehören z. B. die fünf Beinpositionen, basierend auf der Auswärtsdrehung) in der Pariser „Danse d'école" kodifiziert. Die dort aufgestellte französische Terminologie ist bis heute erhalten geblieben. Unterstützt bzw. bedingt durch enge Kleidung und hohes Schuhwerk herrschen bald in ganz Europa, das inzwischen das nach wie vor höfisch orientierte französische Ballett übernommen hat, langsame, graziöse Bewegungen und geometrische Raumfiguren, meist in symmetrischer Form vor. Reihen und Paargruppen bewegen sich in geraden Linien, Diagonalen, Kreisen und Halbkreisen.

In der 1. Hälfte des 18. Jahrhunderts kommt der Hoftanz aus der Mode. Statt dessen wird in den Ausbildungsschulen für Berufstänzer die Bewegungstechnik um etliche u. a. virtuose Elemente erweitert: das Anschlagen der Beine während des Sprunges („Battieren"), die Pirouette, einige Armhaltungen und Reverenzen.

Vom Geist der Aufklärung beeinflußt, werden in der 2. Hälfte des 18. Jahrhunderts die inzwischen einseitig virtuosen und verflachten Formen des spätbarocken Balletts durchbrochen. Masken – so fordern Reformatoren – sollen zerbrochen, Perücken verbrannt und Reifröcke vernichtet werden. Nicht die beherrschte, sinnentleerte Bewegung, der „Danse mécanique", sondern der individuelle Ausdruck der Empfindungen und Gefühle des Tänzers sollen den Vorrang im Tanzgeschehen haben. Auf der einen Seite Virtuosität, auf der anderen Seite verstärkte Ausdrucksintentionen, Anschauungen bzw. Forderungen, die in der Geschichte (nicht nur) des Tanzes ständig wiederkehren.

Im 19. Jahrhundert wird dem Wunsch nach einem möglichst schwerelos erscheinenden, fliegenden Körper, dem Wunsch nach „Überwindung der Schwerkraft" verstärkt nachgegangen, indem man den Körper durch Spitzenschuhe verlängert und ihm nur noch eine minimale Unterstützungsfläche bietet. Eine sich durch virtuose Technik auszeichnende Ballerina in Tutu (Tüllröckchen) und Spitzenschuhen nimmt in den Choreographien der romantischen Epoche die zentrale Stellung ein. Der „Erste Tänzer" und das „Corps de ballet" (alle zum Ensemble gehörenden Tänzer mit Ausnahme der Solisten/Solistinnen) dienen der Ballerina zum Schmuck.

Am Ende des 19. Jahrhunderts hinterläßt das Ballett zwar technisch brillante, aber zum Selbstzweck gewordene „Kunst"-Stücke, inhaltslose, erstarrte Gesten, die häufig in

(29) Pas de deux (Tanz zu zweit) im klassischen Stil

eine wirklichkeitsfremde Traumwelt von Märchenstoffen eingebettet werden.
Im 20. Jahrhundert versucht man, durch Erweiterung des Bewegungsvokabulars und gelegentliches Experimentieren mit neuen Stilarten dem klassischen Ballett ein neues Gesicht zu geben. Bei diesem Versuch einer Neubelebung des zu einem „Amüsierspektakel" herabgesunkenen und daher allgemein für tot erklärten Balletts treten wiederum Reformatoren – *Michael Fokine* (1880–1942), *Georg Balanchine* (1904–1983) und *Sergius Diaghilew* (1872–1929) – mit dem Anliegen auf, nicht in der Isolation der Tanzkunst steckenzubleiben, sondern mit dem Ziel einer Gesamtkunstwerkproduktion die verschiedenen Strömungen in der Literatur, in der Musik, in der Malerei und im Tanz zusammenzufassen und Ausdrucksmöglichkeiten im Tanz in bezug auf Leidenschaften, Handlungen und Verhaltenweisen wiederzuentdecken.

Aus welchen Wurzeln und Idealen entwickelte sich die klassische Ballett-Technik, und wie wirkten sich diese Ideale auf die Bewegungstechnik aus?

Das klassische Ballett ist ein Kind der vornehmlich höfischen Gesellschaft der Renaissance, in der dieser bis heute international anerkannte Tanzstil entstand. Seine Wurzeln liegen im italienischen und französischen Volks- und Gesellschaftstanz und in den „Intermedien", den im 15. und 16. Jahrhundert bei Festessen üblichen Tanzeinlagen an italienischen Höfen.
Sich an der Antike orientierend, versucht der klassische Tänzer, das Schönheitsideal der griechischen Statue wieder lebendig werden zu lassen, ein Ideal, das die „Schönheit", die „Würde" und „Vollkommenheit" der menschlichen Gestalt in den Mittelpunkt stellt. Der Körper wird – wie in der Antike – unter dem Prinzip des Goldenen Schnitts, d. h. als geometrische Einheit, gesehen.
Alle bewegungstechnischen Regeln, die man in bezug auf (Fort-)Bewegungsformen und Haltungen von Beinen, Armen, Rumpf und Kopf entwickelt (hat), werden dem Vollkommenheitsbild des Menschen untergeordnet. Dies soll sich nach Auffassung der Vertreter des klassisch-akademischen Tanzes widerspiegeln:
– in der Betonung der aufrechten, ungebrochenen Haltung des Rumpfes,
– in der sicheren Balance und Standfestigkeit, durch die man versucht, jede Unsicherheit und Zufälligkeit in der Bewegung, jede unpräzise oder „eckige" Ausführung der fixierten Bewegungsformen um jeden Preis zu vermeiden,
– im Ausdruck schwebender Leichtigkeit,
– in einer Bewegungsdynamik, die Tempounterschiede, große und kleine Bewegungsamplituden grundsätzlich fließend und weich miteinander verbindet.
Die streng stilisierten, stets an räumliche und zeitliche Vorschriften gebundenen Bewegungen/Haltungen schließen jegliche Alltagsbewegung aus.

Welche bewegungstechnischen Prinzipien und Übungsformen bestimmen das klassische Tanztraining?

Aufgrund der Forderung nach Rumpfaufrichtung, Standfestigkeit und Balancesicherheit wurden folgende bewegungstechnische Regeln und entsprechende Übungsformen entwikkelt, die das Training im freien Raum, aber besonders das für den klassischen Tanz charakteristische Exercice an der Stange bestimmen (die Stange soll dabei die Balance und Fixierung des Körperschwerpunkts in der Horizontalen unterstützen helfen):
1. Die Festigung der vertikalen Körperachse, die vom Standbein über das Becken, das sich weder seitlich verschieben noch nach vorn oder hinten kippen darf, bis zum Kopf verläuft.

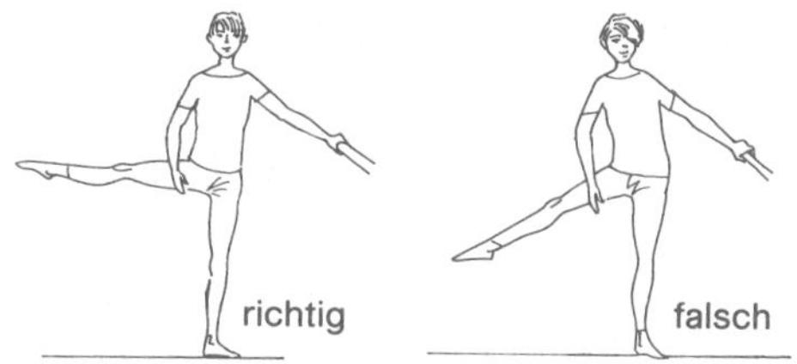

(30) Richtige und falsche Beckenstellung im einbeinigen Stand

2. Die Auswärtsdrehung der Beine, die im Hüftgelenk erfolgt und sich über Knie und Fuß fortsetzt. Die Auswärtsdrehung soll die Stützfläche des Körpers und somit die Standfestigkeit in der Fortbewegung vergrößern. Darüber hinaus ermöglicht die Auswärtsdrehung eine größere Bewegungsamplitude bei Schwüngen und Halten der Beine und verleiht allen nach vorn ausgerichteten Fortbewegungsformen – und das klassische Ballett ist eine zum Zuschauer (ursprünglich zum Fürsten) hin ausgerichtete Tanzform – eine größere Plastizität.

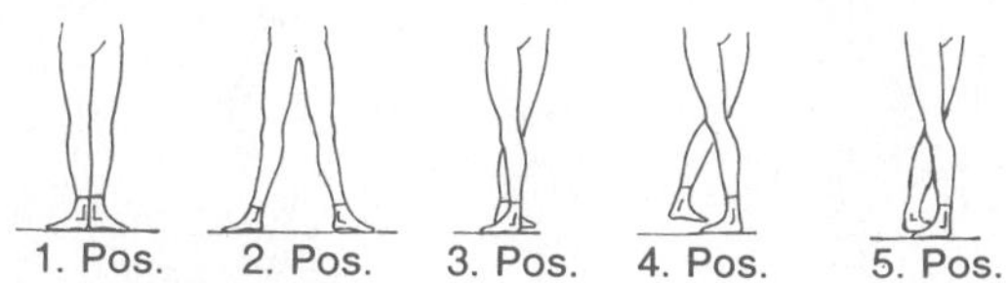

(31) Beinpositionen

3. Die Kräftigung der Beinmuskulatur, die die Hauptbelastung trägt. Die Forderung nach permanenter Spannkraft der Beine schließt jegliche Teilentspannung aus. Die ständige Muskelanspannung in den Beinen (auch im Spielbein) ist Garant für das bestmögliche Einhalten bzw. Realisieren der verschiedenen kodifizierten Beinhaltungen und -bewegungen und ermöglicht eine permanente „Verfügbarkeit"/Einsatzfähigkeit der Beine.

Die Beinmuskulatur wird durch verschiedene Übungen gekräftigt (32 a–g), z. B.:

32 a–b) halbe Kniebeuge (demi plié) und tiefe Kniebeuge (grand plié); anschließend Heben in den Ballenstand (relevé – nicht abgebildet)

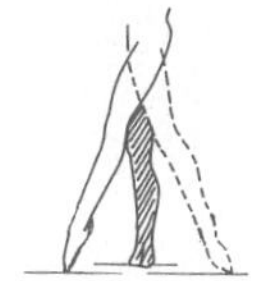

c) Schleifbewegungen der Beine (battement tendu)

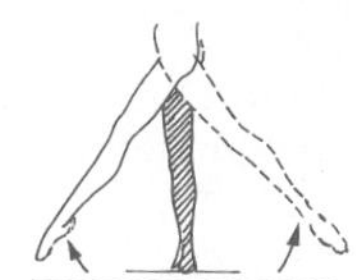

d) Schleifwurfbewegungen (battement tendu jeté)

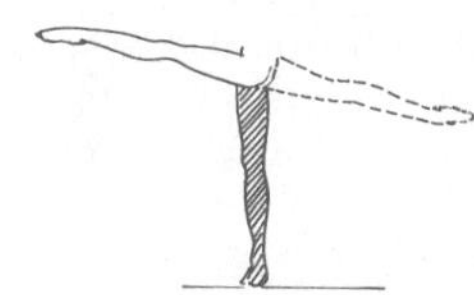

e) Wurfbewegungen (grand battement jeté)

f) Kreisbewegungen des Spielbeins
links: mit der Fußspitze auf dem Boden (rond de jambe par terre)
rechts: Kreisbewegungen in der Luft (rond de jambe en l'air)

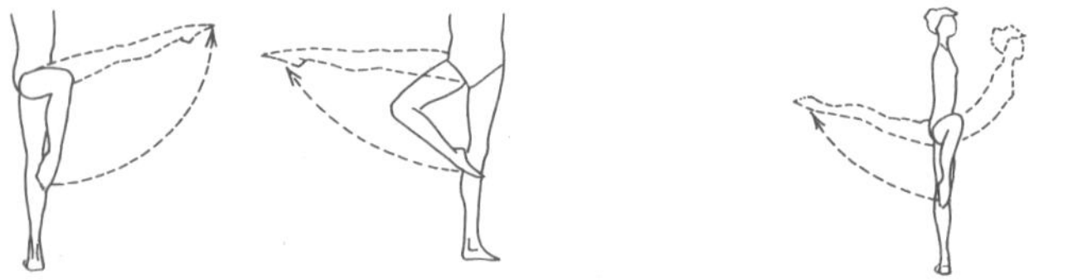

32 g) Heben des gebeugten Beines mit anschließender Streckung (developpé)

Alle genannten Übungen werden mit anschließender Beugung des Standbeins ausgeführt.
4. Kräftigung der Gesäß-, Becken- und Rückenmuskulatur, deren permanente Anspannung eine unumgängliche Voraussetzung bei der Ausführung verschiedener Bewegungen auf ein und demselben Standbein oder bei Posen (bewegungslos durchgehaltenen Körperstellungen) ist, z. B. den bekanntesten des klassischen Tanzes, der Arabeske und der Attitude.

(33)

Beide Posen demonstrieren die Bedeutung des in der Vertikalen sich befindenden Schwerpunkts und des Gegengewichtes durch Oberkörper und Arme.

5. Genauigkeit der Armbewegungen

(34) Armhalten/Armführungen

6. Genauigkeit der Kopfbewegungen, besonders bei der Ausführung von Drehungen. Zur Sicherung der Standfestigkeit erfolgt bei allen Drehungen die Drehbewegung des Kopfes schneller als die des Körpers. Nach vorn fixiert verläßt der Kopf die Ausgangshaltung später als der Körper, um sie nach schnellstmöglicher Drehung vor Abschluß der Körperdrehung wieder einzunehmen.

(35) Berufstänzer beim klassischen Training

(36) Ensembleszene aus dem Ballett „Der Nußknacker" (1974), Ballett der Bayerischen Staatsoper, Choreographie: John Neumeier

3.5 Moderner Tanz

Welche Auffassungen bzw. Stilrichtungen werden unter dem Sammelbegriff „Moderner Tanz“ zusammengefaßt?

Der Begriff „Moderner Tanz“ ist ähnlich uneindeutig wie der der „Modernen Gymnastik“; dennoch ist er als Alternativbegriff zum klassischen Ballett in der internationalen Fachwelt gebräuchlich. Es lassen sich folgende Auffassungen bzw. Richtungen unterscheiden:

Zum ersten wird der Moderne Tanz als *Antithese zum klassischen Ballett* verstanden, als eine Gegenströmung, die die strenge Gebundenheit des rational geprägten klassischen Bewegungsstils und dessen eingefahrene Bewegungsklischees bewußt ablehnt und an dessen Stelle einen emotional geprägten, jeweils individuellen Bewegungsausdruck setzt (vgl. „freier Tanz“, „Ausdruckstanz“, „expressionistischer Tanz“). Folglich gibt es im Modernen Tanz keine einheitliche, allgemein verbindliche Bewegungstechnik wie im klassisch-akademischen Tanz, sondern es existieren verschiedene moderne Bewegungstechniken, gebunden an die jeweilige Erfinderpersönlichkeit mit ihrem individuellen Bewegungsvokabular und -stil.

Zum zweiten wird der Moderne Tanz (meist in englischer Bezeichnung) als *verbindliches Bewegungssystem* verstanden, das als Reaktion auf den traditionsungebundenen freien Tanz entstand. Während sich der freie Tanz bzw. expressionistische Tanz jeglicher Kategorisierung entzog, versucht die Amerikanerin *Martha Graham* (geb. 1893) nach gründlicher Auseinandersetzung mit dem Bau und den Gesetzmäßigkeiten des menschlichen Körpers ein inzwischen in ganz Amerika und Westeuropa anerkanntes Bewegungssystem zu schaffen, das nicht ausschließlich – wie beim freien Tanz – an eine Persönlichkeit gebunden ist, sondern das von der Individualität des Erfinders unabhängig und somit übertragbar und lehrbar ist: *Die Graham-Technik* im Bereich des Modern Dance (Bewegungsprinzipien, vgl. S. 43 ff.).

Zum dritten wird der Moderne Tanz als *Synthese* von traditionsgebundenen und verschiedenen neu entwickelten Bewegungstechniken, -formen und -stilen verstanden. Die Bewegungstechnik des klassischen Tanzes wird – in verschiedenem Umfang – als unumgängliche Grundlage zur Sicherung und Verbesserung des Fertigkeitsniveaus angesehen. Dabei wird heute häufig auf Spitzentechnik und virtuose Drehbewegungen am Boden (Pirouetten) zugunsten ausdrucksstarker Bewegungen verzichtet.

„Moderner Tanz ist eine zeitgenössische Erweiterung und geistige Neufassung der ererbten Tradition, die natürlich in diesem Prozeß sich auch grundlegend verändert und erneuert“, so formulierte es *Kurt Jooss* (1901–1979), der Bahnbrecher in Deutschland für die Synthesenidee von expressionistischem Tanz und klassischem Ballett.

An welche Persönlichkeiten waren die neuen Strömungen zu Beginn der Ära des modernen Tanzes gebunden?

In Amerika leitete *Isadora Duncan* (1878–1927) den Befreiungsversuch von den nach ihrer Meinung stereotypen und künstlichen Bewegungsformeln des klassischen Balletts ein. Sie tanzte spontan improvisierend, lehnte das Tutu und den Spitzenschuh ab und trug statt dessen – barfuß tanzend – weitgeschnittene griechische Tunikas. Die typischen Ballettmusiken verwarf sie und verwendete als erste Musikstücke, die nicht eigens für den Tanz geschrieben worden waren. Tanz bedeutete für sie Ausdruck individueller Gefühle und Stimmungen, daher der Begriff *Ausdruckstanz* oder *expressionistischer Tanz.*

In Deutschland lehnte sich *Rudolf von Laban* (1879–1958) mit dem *freien Tanz* (anfänglich auch Ausdruckstanz, in der internationalen Fachwelt German Dance) gegen die überlieferten Formen hinsichtlich der Bewegungstechnik, der Kostüme und der Musik auf. Laban verstand den tanzenden Menschen in irrationaler und mystischer Spekulation als „Teil einer Choreographie des Weltalls" (vgl. ähnliche ideologiebefrachtete Tendenzen in den Anfängen der „Rhythmischen Gymnastik", S. 13).

Die aus Labans Schule hervorgegangene deutsche Tänzerin *Mary Wigman* (1886–1973) forderte über den freien Tanz Labans hinaus den *absoluten Tanz,* eine von ihr geprägte Bezeichnung für ihre Tänze, in denen nicht Handlungen wiedergegeben oder Geschichten erzählt wurden, sondern das Auf und Ab seelischer Zustände getanzt wurde. Sie verstand Tanz als eine „lebendige Sprache, die nach der direkten Mitteilung von Mensch zu Mensch verlangt", wie es O. F. Regner in seinem Ballettbuch, S. 16, ausgedrückt hat (vgl. Lit.-Verz.). Wie für Laban, so ist auch für sie die Verknüpfung der funktionalen Aspekte des Tanzes (Raum, Zeit, Kraft) mit mystischen Überlegungen über die „Verwandtschaft des tanzenden Menschen zum Universum" kennzeichnend.

Später verschwanden die expressiven Inhalte aus M. Wigmans Tänzen und nahmen absolutere, d. h. nur den formalen tänzerischen Gesetzmäßigkeiten verpflichtete Formen an. Im stummen, unbegleiteten Tanz sah sie – wie auch Laban – die stärksten Ausdrucksmöglichkeiten.

Auf welchem Prinzip basiert das Bewegungssystem Martha Grahams?

M. Grahams Bewegungssystem geht nicht von übergreifenden (soziologischen, psychologischen usw.) Gesichtspunkten aus, nach denen jeweils die bewegungstechnischen Regeln ausgerichtet werden, sondern von der Eigengesetzlichkeit des Körpers selbst. Es basiert auf dem mit dem Ein- und Ausatmungsvorgang verbundenen Grundprinzip Contraction und Release der verschiedenen Körperzentren, im wesentlichen

(37) Contraction in der Bauchmuskulatur und in den Muskeln, die auf die untere Wirbelsäule und auf die Kniegelenke einwirken

(38) Release in der Lenden- (beim linken Tänzer verstärkt) und in der Brustwirbelsäule

(39) Das Contraction-Release-Prinzip im Sprung angewendet

(40) Martha Graham

aber dem Hauptzentrum des Körpers, dem Becken, von dem der Hauptimpuls für jede Bewegung ausgeht (zentraler Bewegungsansatz).
Die Wortbedeutung des Begriffspaares Contraction (Muskelanspannung/Zusammenziehung) und Release (Lösung der Muskelanspannung) trifft den Bewegungsvorgang nur partiell. Die am häufigsten angewandte Contractionbewegung meint – ausgehend vom Körperschwerpunkt (Körpermitte) – eine mit Ausatmung verbundene Zusammenziehung der Becken- und Bauchmuskeln, wobei der Lendenwirbelsäulenbereich eine Rundung und Längung erfährt (Dehnung der Lendenwirbelsäulenmuskulatur, s. Abb. 37).
Bei der mit Einatmung verbundenen Releasebewegung erfolgt eine Aufrichtung bzw. Streckung der Lendenwirbelsäule. Wie die Contractionbewegung kann die Releasebewegung in unterschiedlichen Stärkegraden ausgeführt werden (z. B. von aufrechter „gelöster" Normalhaltung bis hin zur Überstrekkung der Lendenwirbel- und Brustwirbelsäule, s. Abb. 38).
Das Contraction-Release-Prinzip wird im Grahamschen Bewegungssystem, das von *Merce Cunnigham* (geb. 1919), *Paul Taylor* (geb. 1930) und *Glen Tetley* (geb. 1926), Schülern von M. Graham, teilweise übernommen und weiterentwickelt worden ist, sehr häufig an Gleichgewichts- und Fallübungen gebunden. Gegenüber dem unverrückbaren Gravitationszentrum und der damit intendierten sicheren Balance im klassischen Tanz wird nunmehr im Modern Dance das Gleichgewicht zeitweilig bewußt aufgegeben zugunsten eines Wechsels von stabiler und labiler Gleichgewichtslage.

(41) Ensembleszene aus dem Ballett „Circles“ (1972), Hamburgische Staatsoper, Choreographie: Glen Tetley

3.6 Aspekte des Tanzes heute

Was umfaßt der Begriff „Bühnentanz", und in welchen Erscheinungsformen manifestiert er sich heute?

Der Begriff Bühnentanz umfaßt das gestaltete (d. h. vorsätzlich geplante) und einstudierte Endergebnis tanzkünstlerischer Tätigkeit. Daher wird auch oft der Begriff „Kunsttanz" statt „Bühnentanz" verwendet. Hierbei stehen sowohl (tänzerische) Bewegungen unterschiedlichen Stils als auch die durch sie beabsichtigte und bewirkte Aussage im Vordergrund.

Zu den hauptsächlichen Erscheinungsformen des Bühnentanzes gehören: das klassische Ballett (vgl. S. 36ff.), der Modern Dance in seinen verschiedenen Ausprägungen (vgl. S. 42ff.), das zeitgenössische Tanztheater (vgl. S. 48ff.) und der Revuetanz. An Schrittechniken verschiedener Gesellschaftstänze anknüpfend, liegt der Schwerpunkt der zuletzt genannten Schautanzform auf tänzerisch virtuoser Brillanz neben glänzenden Kostümen und farbenprächtiger Bühnenbeleuchtung. In der Regel bedingen Einstudierungen von Bühnentanzformen tägliches Hochleistungstraining, dessen Wirkung sich häufig in virtuosen Einzel- oder Ensembleleistungen widerspiegelt.

Während einige Erscheinungsformen des Bühnentanzes an den Dialog von Bewegung und Musik gebunden sind (das klassische Ballett, der Revuetanz), ist der Moderne Tanz nicht unbedingt von musikalischen Vorlagen abhängig.

Die meisten Bühnentanzformen werden im Kulturbetrieb einer Stadt an den Theaterbereich angebunden, dessen Gestaltungsmittel häufig in das Tanzgeschehen absichtsvoll integriert werden: Bühnenbild, Kostüm (als gestaltendes Element, im Gegensatz zur Tracht eines Volkstänzers), Licht, Farbe, Requisiten usw.

Zeitgenössische Tanzszenen finden oft auch außerhalb von geschlossenen Theaterräumen im öffentlichen „Alltagsraum" von Plätzen und Straßen statt.

Die Grenzen zwischen den verschiedenen Bühnentanzformen sind heute fließend geworden. Während die einzelnen Tanzstile in ihrer Entstehungszeit als unvereinbare Gegensätze betrachtet wurden (z. B. klassischer Tanz und Modern Dance), beeinflussen sie sich heute wechselseitig zugunsten immer neuer Syntheseversuche und Weiterentwicklungen.

(42) Szene aus einer Revue

Worin äußert sich ein verändertes Verständnis von Tanz innerhalb der zeitgenössischen Tanzszene?

Nach traditionellen Vorstellungen von Choreographie sind die Bewegungsabläufe einer Bewegungskomposition (wie z. B. bei Balletten im klassischen Tanzstil) räumlich und zeitlich detailliert festgelegt, d. h., die Choreographie ist jeder Zufälligkeit enthoben.

Im zeitgenössischen Tanz hingegen erhält die Improvisation, der Prozeß des Werdens, zuweilen auch der Wechsel von choreographisch Fixiertem und experimenteller Szene eine zunehmend größere Bedeutung (experimenteller Tanz).

Immer häufiger werden „Happenings" (unvorhergesehene, ungeplante Geschehen) bewußt in die zeitgenössische Tanzszene miteinbezogen, beeinflußt durch Strömungen in der Bildenden Kunst, oder Choreographen und Tanzensembles starten Totalimprovisationen in Form von „Actions", die jede Art von Alltagsbewegung, so z. B. Alltagsgesten oder (Fort-)Bewegungsarten wie Schlendern, Laufen, Schubsen, Fallen, Schieben, Schlagen, Kriechen, Rutschen usw., also „untänzerische" Bewegungen im herkömmlichen Sinn, miteinbeziehen. Dabei ist ein durchgehender Handlungsfaden kein notwendiges Gestaltungskriterium mehr. Oft werden dem Zuschauer Versatzstücke präsentiert, nicht zuletzt, um an eventueller passiver Konsumentenhaltung bzw. an festgefahrenen Rezeptionsgewohnheiten zu rütteln. Zunehmend werden auch Gestaltungselemente anderer Kunstrichtungen (Sprechtheater, modernes Musiktheater, Film usw.) miteinbezogen und Bewegung, Wort, Licht, Objekte, Musik zu einem totalen Gesche-

(43) Gilles Ségal in der Pantomime „Der Marionettist"

hen, zu Tanztheater, „Totalem Theater", verschmolzen (z. B. S. 48). Es gibt heute keinen Stil und keine Bewegungstechnik, die nicht choreographisch verarbeitet wird bzw. werden kann; gleicherweise gibt es keine Bewegungs- oder Gestaltungsmöglichkeit, die man als unzulässig bezeichnen würde. Verschmelzungsversuche von klassischem Ballett, expressionistischem Tanz, Gesellschaftstanz, von Bewegungselementen aus der Artistik, der Pantomime und verschiedenen Sportbereichen sind heute – besonders in Amerika, das keine lange akademische Tanztradition besitzt – keine Seltenheit.

So wird auch nach traditionellem Tanzverständnis „Unästhetisches", z. B. die Darstellung von körperlichen Deformationen in Form verdrehter, verstümmelter, funktionsloser Gliedmaßen, sowie Abgegriffenes, z. B. Trivialelemente aus dem Show- und Revuebereich, ins Tanzgeschehen miteinbezogen, wodurch gegenüber herkömmlichen Choreographien neue Inhalte erschlossen und neue Aussagen ermöglicht werden.

Wie auch in anderen Kunstbereichen bilden Kunstwerk und alltägliche Erfahrungswelt keinen unvereinbaren Gegensatz mehr. Indem Alltägliches zum Gegenstand neuer Erfahrung gemacht und in neue Funktionszusammenhänge gestellt wird, indem nicht die gelösten, sondern die unbewältigten Probleme in den Mittelpunkt gerückt werden, wird beabsichtigt, daß der Zuschauer seine persönliche Erfahrung zum Bühnengeschehen in Beziehung setzt und ein kritisches Bewußtsein auch gegenüber gesellschaftlichen Zuständen und deren Auswirkungen entwickelt, welche teilweise mit radikalen Mitteln dargestellt und kritisiert werden.

Zeitgenössische Tanzproduktionen (z. B. von Pina Bausch und dem Wuppertaler Tanztheater) befassen sich häufiger denn je mit gesellschaftlichen Problemstellungen, mit Kernfragen menschlicher Existenz, z. B. Vergewaltigung des Individuums durch das Wettbewerbssystem der Leistungsgesellschaft; Erniedrigung, Ausbeutung der Menschen durch Menschen; Ohnmacht von Minderheiten gegenüber Mehrheiten

(44) Szene aus „Komm tanz mit mir", Wuppertaler Tanztheater, Choreographie: Pina Bausch

(s. Abb. zu „Westside-Story"); Schwierigkeiten menschlichen Zusammenlebens, zwischenmenschliche Entfremdung (s. Abb. zu „Kontakthof"); Unvermögen zur Verständigung durch Körpersprache; Liebe, Sehnsucht nach Geborgenheit, Isolation, Labilität; Frustration, Angst vor Anforderungen eines Partners, einer Gruppe, vor Verhaltenszwängen usw.

(45) Szene aus „Kontakthof", Wuppertaler Tanztheater, Choreographie: Pina Bausch

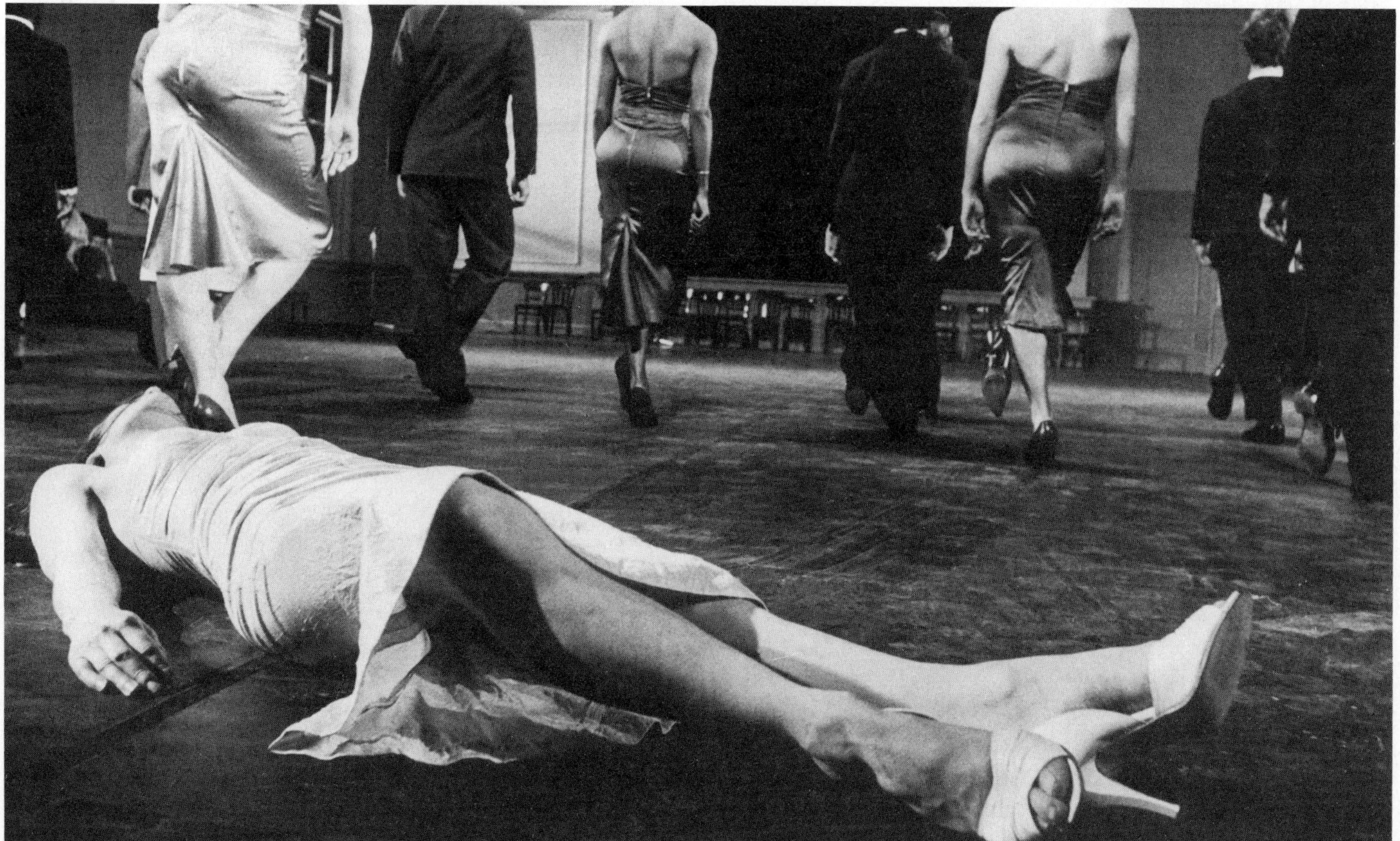

(46) Szene aus „Westside-Story“ (1978) in einer Version von John Neumeier, 20 Jahre nach der Uraufführung

3.7 Zur Bedeutung der Auseinandersetzung mit verschiedenen Erscheinungsformen von Gymnastik und Tanz

Welche Bedeutung kann mit Tanzen verbunden sein?

Das vielschichtige Phänomen „Tanz" entzieht sich einer eindeutigen Definition (ebenso wie der Begriff Gymnastik S. 12). Die verschiedenen Ausprägungen des Tanzes im Laufe der Jahrhunderte sind in Abhängigkeit von dem jeweiligen geistes- und kulturgeschichtlichen Hintergrund zu sehen. So wie andere künstlerische Erscheinungsformen auch ist der Tanz sichtbares Symbol einer den jeweiligen Tanzstil mitprägenden Gesellschaft und ihrer unterschiedlichen Wert- und Normvorstellungen.

So liegt z. B. für die einen die Sinngebung des Tanzes im Tanz selbst *(Tanz als Selbstzweck, „l'art pour l'art"* – Kunst um der Kunst willen); hierbei steht der funktionale Aspekt, die strenge Reinhaltung von Tanzstilen im Vordergrund des Interesses der Beteiligten.

Für die anderen wird *Tanz als Mittel* für verschiedene Zwekke/Ziele angesehen, wie z. B.:

– Selbstfindung / Selbstverwirklichung / Selbstdarstellung; Zur-Schau-Stellung der eigenen Person/des eigenen Körpers
– Darstellung/Interpretation von existentiellen und gesellschaftspolitischen Fragen/Denkanstöße an den Zuschauer
– Sozialer Kontakt
– Körperkontakt, teilweise verbunden mit sexueller Animation
– Befreiung/Überwindung von psychophysischen Spannungen
– Amüsement/Erheiterung/Zeitvertreib/Unterhaltung/Entspannung/Erholung/Ausgleich
– Ekstase/Außer-sich-Geraten durch rhythmische Bewegung, meist gebunden an Musik
– Befriedigung des Bewegungsbedürfnisses, speziell der Lust an rhythmischer Körperbewegung, allein oder mit Partner; der Lust am Wechselspiel von Musik- und Körperrhythmen; der Lust, überschüssige Energie zu entladen
– Befriedigung des sportlichen Leistungsbedürfnisses.

Welche Sinngebung kann der Beschäftigung mit tradierten Gymnastikrichtungen, Tanzstilarten und normierten Bewegungstechniken zukommen?

Über die Beschäftigung mit ausgewählten Gymnastikrichtungen, Tanzstilarten und verschiedenen Bewegungstechniken wird ein Einblick in geschichtlich gewachsene Traditionen verschiedener Stilrichtungen, Bewegungstechniken und -formen innerhalb unserer „Gymnastik- und Tanzumwelt" ermöglicht.

Weiterhin kann man durch die Auseinandersetzung mit tradierten Erscheinungsformen von Gymnastik und Tanz Ausführungs- und Gestaltungsprinzipien verschiedener Stile und Techniken kennen- und verstehen lernen (z. B. zeitliche Gestaltungsprinzipien im Jazztanz: viele kurzatmige, kleine Spannungsbögen, oft in unregelmäßigem Wechsel; zeitliche Gestaltungsprinzipien im Folkloretanz: periodisch gegliederte, meist regelmäßig wiederkehrende, längere Abläufe).

Neben der Erweiterung des Erfahrungshorizontes durch das Erlernen und Wiedergeben normierter Techniken vergrößert sich gleichermaßen das Bewegungsrepertoire, d. h. mit der Aneignung verschiedener bewegungstechnischer Fertigkeiten wird auch die Verfügbarkeit über den eigenen Körper zunehmend größer.

Es stellt sich nun die Frage, wie man mit tradiertem Bewegungsmaterial umgehen kann. Auf der einen Seite können tradierte Bewegungsformen „blind" übernommen, konserviert und dogmatisch festgeschrieben werden. Der Sinn einer Beschäftigung mit tradierten Bewegungsformen läge dann im Kennenlernen, Nachvollziehen und qualitativen Verbessern der zu einer gymnastischen oder tänzerischen Stilrichtung gehörenden Bewegungsformen.

Auf der anderen Seite können tradierte Bewegungsformen als unabgeschlossenes Anregungspotential angesehen werden. Das bedeutet, daß die erworbenen Fertigkeiten nicht um ihrer selbst willen erlernt werden (Selbstzweckfunktion, vgl. S. 12), sondern daß sie als Plattform benutzt werden, durch die es möglich wird, innerhalb von Gestaltungsprozessen differenziertere Mittel einzusetzen, um letztlich über erweiterte motorische Handlungsmöglichkeiten zu verfügen.

Hierbei steht also nicht die Aneignung von Fertigkeiten allein im Mittelpunkt von Lernprozessen in den Bereichen Gymnastik und Tanz, sondern ebenso die Überlegung, wie man mit den erworbenen Fertigkeiten gestalterisch umgehen und in welche verschiedenartigen Zusammenhänge man das Angeeignete stellen kann.

Diese Überlegung steht auch hinter den Fotoserien in Kapitel II, die nicht nur als Beispiele für die Verbesserung der im Text besprochenen gymnastik- und tanzspezifischen Fertig- bzw. Fähigkeiten fungieren, sondern die gleichzeitig Anregungen zu verschiedenartigen Ansatz- und Verarbeitungsmöglichkeiten innerhalb von Gestaltungsprozessen geben wollen.

Das Nachdenken über verschiedenartige Zusammenhänge von erlernten Bewegungsmustern kann eine kritische Auseinandersetzung mit tradierten Stilrichtungen und Bewegungsformen bewirken, in deren Folge verändernde Einflüsse (z. B. individuelle Bewegungsideen oder Bewegungsfähigkeiten, veränderte Normsetzungen in Hinblick auf Ausführung und Gestaltung von Bewegung) miteinbezogen werden können als Ausgangspunkt für die Schaffung neuer Sinneinheiten.

Bei dieser Auffassung wird deutlich, daß das Erlernen und Üben „fremder" Bewegungsformen und -abläufe und das eigenständige Verändern von erarbeitetem Bewegungsmaterial eng miteinander verzahnt sind. Indem man lernt, (Bewegungs- und Gestaltungs-)Regeln und -Normen selbst zu setzen, können die von anderen Menschen zu anderen Zeiten aufgestellten Regeln auch als veränderbar erkannt werden. Diese Erfahrung schließt die Möglichkeit ein, daß man seine (Bewegungs-)Umwelt grundsätzlich beeinflussen und mitgestalten kann.

Welche Fähigkeiten werden bei der Beschäftigung mit normierten Bewegungstechniken gefordert, gefördert, eingeschränkt, welche bleiben ganz unberücksichtigt?

Die Übernahme tradierter Bewegungstechniken setzt zunächst die Bereitschaft voraus, bestehende Wertmaßstäbe zu akzeptieren, das bedeutet, die für bestimmte Bewegungsstile typischen Techniken zu erlernen und unter Umständen zu perfektionieren, z. B. die Bein- und Rumpfspannung im klassischen Tanz; die binnenkörperliche Koordinationsfähigkeit im Jazztanz; die Beweglichkeit der verschiedenen Wirbelsäulenteile und der Bewegungsansatz aus der Körpermitte in der Graham-Technik aus dem Modern-Dance-Bereich; Kraft und Schnelligkeit der unteren Extremitäten im Bereich der Folkloretänze usw.

Bei diesem Erlernen und Üben werden folgende Fähigkeiten besonders gefördert:

– die Fähigkeit zur visuellen Wahrnehmung, wobei sichtbare Sinneseindrücke – entstanden durch Beobachtung von Bewegungsbeispielen – nach räumlichen, zeitlichen, dynamischen, bewegungstechnischen usw. Gesichtspunkten geordnet werden

– die Fähigkeit zur motorischen Imitation beobachteter Bewegungen, wobei die gewonnenen Eindrücke in Eigenbewegung übertragen werden müssen

– die Fähigkeit zur Speicherung beobachteter und nachvollzogener Bewegungsformen (Bewegungsgedächtnis), wodurch auch nach unterschiedlich langen Zeitabständen ein Abruf

von erlernten Bewegungen aus dem Gedächtnis und ihre Wiedergabe möglich wird.
Steht das Erlernen genormter Bewegungstechniken im Mittelpunkt von Lernprozessen, werden Fähigkeiten zur motorischen Produktion entsprechend eingeschränkt bzw. weniger gefördert. Hierzu gehört z. B. das Improvisieren, eine Handlungsform, die es dem Lernenden ermöglicht, Sach- und Selbsterfahrungen beim selbständigen Entwickeln von Bewegungsformen und -verbindungen zu machen, ohne sich an der Festlegung eines Ergebnisses orientieren zu müssen. Da diese Handlungsform nach selbst gesetzten Wertmaßstäben erfolgt, ist hier die Ausprägung eines persönlichen Bewegungsstils eher möglich. Auf der anderen Seite bleibt bei einer allzu ausgedehnten Beschäftigung mit genormten Bewegungstechniken die Entwicklung individueller Ausdrucksfähigkeiten des eigenen Körpers (Körpersprache) unberücksichtigt zugunsten der Förderung von konformem Bewegungsverhalten.
Weniger gefördert werden auch unterschiedliche Kommunikationsformen und -möglichkeiten in und durch Bewegung. Die Lernenden sind in der Regel auf ein Bewegungsvorbild hin ausgerichtet und haben unter-/miteinander wenig, meist gar keinen nonverbalen oder verbalen Austausch.

Welche Denkanstöße können zu einer weiteren Auseinandersetzung mit der uns umgebenden „Gymnastik-Tanz-Umwelt" beitragen?

Die nachfolgenden Fragen wollen Anstöße zum Nachdenken sein und zeigen, wie wir vom Bereich Gymnastik/Tanz auch persönlich betroffen und zur Stellungnahme aufgerufen sind. Wir können nicht umhin, uns ihm gegenüber zu verhalten, was möglichst bewußt und auf kenntnisreicher Grundlage geschehen sollte. Das erste Kapitel hat versucht, zur Beantwortung mancher dieser Fragen, die im übrigen durch weitere vielfältig ergänzt werden können und sollen, beizutragen, indem es notwendige Informationen aufzuarbeiten versuchte.
Wo und in welcher Form sind Ihnen Gymnastik und Tanz in Ihrer Umwelt bereits begegnet?
Was unterscheidet Gymnastik und Tanz im Rahmen des (Sport-)Unterrichts von den Erfahrungen, die Sie mit Gymnastik und Tanz außerhalb der Schule gemacht haben?
Wie schätzen Sie die Bedeutung von Gymnastik und Tanz in der Freizeit überhaupt ein?
Welches Verständnis von Gymnastik und Tanz werden Ihrer Meinung nach durch Massenmedien verbreitet?
Sind Gymnastik und Tanz Ihrer Meinung nach eher „feminine" Bewegungsbereiche? Worin mag eine solche Einschätzung in unserem Kulturkreis begründet sein?
Wie kommt es, daß auch Jungen relativ häufig eine Tanzschule besuchen, um Gesellschaftstänze zu lernen, die Sportart Tanz aber zu einem hohen Prozentsatz von Mädchen gewählt wird?
Können Sie die Auffassung, daß Tanz in der Diskothek dem Identifikations- und Kommunikationsbedürfnis von Jugendlichen Rechnung tragen, teilen?
Welche Art von Tanzproduktionen bevorzugen Sie, wenn Sie „ins Theater" gehen?
Wie beurteilen Sie Tanz als Darstellungsmöglichkeit gesellschaftlicher/sozialer Zustände im Vergleich zu anderen künstlerischen Ausdrucksformen?

(47–50, nächste Doppelseite) Auch die folgenden vier Fotos wollen Denkanstöße sein. Was ist den dargestellten Situationen gemeinsam, wodurch unterscheiden sie sich? Wie wirken die Bilder auf Sie? Welchen Sinn sehen Sie in der vergleichenden Betrachtung von Szenen aus dem außerschulischen Sport- bzw. Tanzbereich?

1. Konditionelle und koordinative Voraussetzungen

Wozu dient die Verbesserung konditioneller und koordinativer Grundlagen im Bereich Gymnastik/Tanz, und wie können sie fachspezifisch ausgebildet werden?

Der Körper eines Menschen, der sich bewegen, tanzen will, ist einem Musikinstrument vergleichbar, das auch erst zum Klingen gebracht werden kann, wenn man Spielmöglichkeiten kennt als Grundlage, um über sein Instrument als Ausdrucksmedium verfügen zu können. Zu den „Spielgrundlagen" als Voraussetzung für eine zunehmend bessere Körperbeherrschung, letztlich auch für die Erhaltung bzw. Wiederherstellung von Gesundheit und Wohlbefinden zählen:

- die allgemeine Funktions- und Leistungsfähigkeit des Körpers (d. h. ein gutes Funktionieren des Herz-Kreislauf-Systems, des Muskel- und Gelenksystems, ein kontrollierter Haltungsaufbau und die Korrektur von Haltungsschwächen) sowie
- die fortschreitende Differenzierunq des Körperbewußtseins (d. h. des Bewegungs-, Spannungs-, Gleichgewichts- und Lageempfindens) und der Bewegungskoordination.

Die Verbesserung motorischer Fertigkeiten (z. B. die Bewältigung spezieller Bewegungstechniken aus dem Bereich Gymnastik/Tanz in zunehmend besserer Ausführung) ist immer von einem notwendigen Maß an Kraft, Ausdauer, Schnelligkeit und Flexibilität („Gelenkigkeit") als *konditionelle* und *koordinative* Grundlagen abhängig. So haben z. B. alle Exercice-Formen aus den unterschiedlichen Tanzstilbereichen jeweils die Verbesserung der Muskel- und Gelenktätigkeiten zum Ziel, wobei je nach Stilrichtung mal der Aspekt der Rumpfbeweglichkeit oder der Wechsel von Spannung bzw. Entspannung verschiedener Körperteile (z. B. im Jazztanz), mal der Aspekt der permanenten Anspannung der Becken- und Beinmuskulatur (z. B. im klassischen Ballett) im Vordergrund des Trainings steht.
Grundsätzlich ist die Verbesserung der Bewegungsausführung – gleichgültig um welche Bewegungsformen, welchen Bewegungsstil es sich handelt – immer mit langwierigen Übungsprozessen verbunden, die Geduld, Ausdauer und häufige Wiederholung erfordern (z. B. auch „Heimtraining").

Kraft: Die Kräftigung der Muskulatur – vor allem der Rumpf- und Beinmuskulatur – hat für den Haltungsaufbau eine wichtige Stabilisierungs- und Stützfunktion. Ein funktionell richtiges Aufgerichtetsein des Körpers über seiner Unterstützungsfläche in Sitz, Stand und Fortbewegung wird erreicht durch dauernde Ausgleichsbewegungen des aktiven Halteapparates des Körpers (insbesondere der Becken- und Rückenmuskulatur), unterstützt durch den passiven Stütz- und Halteapparat (Skelettgerüst, Bänder, Sehnen). Ist also die Bein-, Becken- und Rückenmuskulatur nicht genügend gekräftigt, ist sowohl die Standfestigkeit als auch die Dreh- und Sprungfähigkeit in erheblichem Maße eingeschränkt, und es kann bei stärkeren Belastungen (z. B. Sprüngen) zu Überanstrengungen und Ausfallerscheinungen kommen (Muskelkrampf, -zerrung, -riß, Verstauchung in den Gelenken usw.). Für die Kraftentwicklung sind vor allem die Stärke und die Dauer der jeweiligen Kontraktion des beanspruchten Muskels von Bedeutung.
Der Krafteinsatz kann in *statischer (isometrischer)* oder in *dynamischer (isotonischer)* Form erfolgen. Bei statischem Krafteinsatz erfahren die in Funktion tretenden Muskeln keine bzw. nur eine unwesentliche Längenveränderung, d. h. es findet eine Kontraktion ohne (wesentliche) Verkürzung, aber mit einer um so größeren Spannungszunahme im Muskel statt. Bei dynamischem Krafteinsatz nähern sich während der Kontraktion Muskelursprung und -ansatz einander, d. h. der aktivierte Muskel verkürzt sich, sein Umfang nimmt zu, während die Muskelspannung (Muskeltonus) im wesentlichen gleichbleibt. In der Praxis tauchen der rein isometrische und isotonische Krafteinsatz selten auf. Meistens sind beide Kontraktionsformen mit unterschiedlichen Anteilen vertreten (gleichzeitiger, vermischter, sog. *auxotonischer* Krafteinsatz).

Entsprechend dem statischen und dynamischen Krafteinsatz unterscheidet man statisches und dynamisches Gleichgewicht. Bezeichnet das erstere die Fähigkeit, den Körper unter statischem Krafteinsatz in einer bestimmten Gleichgewichtsposition zu halten, so bezeichnet letzteres das Vermögen, den Körper bei einer Bewegung (z. B. Drehung auf kleiner Unterstützungsfläche) im Gleichgewicht zu halten. Darüber hinaus wird als Objektgleichgewicht die Fähigkeit bezeichnet, einen Gegenstand bzw. einen fremden Körper unter statischem und dynamischem Krafteinsatz im Gleichgewicht zu halten (z. B. Balancieren von Objekten; Hebefiguren im klassisch-akademischen Pas de deux).

Beispiele zur Kraftentwicklung der Arm-, Rumpf- und Beinmuskulatur: Freies Halten der gestreckten Beine in Vor-, Seit- und Rückhalte, mit aufrechtem, nach vorn oder zur Seite geneigtem Rumpf (s. Abb. 51 a–b; vgl. auch „Stände", S. 72 und 73); Heben eines Partners (51 c–d); alle Arten von Sprüngen, z. B. aus tiefer Hocke hochspringen in beliebiger Beuge- oder Streckhaltung des Rumpfes und der Beine und wieder zurück in die Hocke; verschiedene Fußfederungen; aus verschiedenen Bodenlagen plötzliches Zusammenziehen und Strecken, Hochschnellen zu verschiedenen Schwebelagen; im Hockschwebesitz ohne Abstützen der Hände imaginäre Gegenstände wegschieben bzw. heranziehen.

Alle Kräftigungsübungen sollten ebenso wie Dehnübungen im Rahmen des bewegungstechnischen Trainings immer wieder durch Lockerungsübungen (Erholungsphasen) abgelöst werden.
Mit Kraft wird häufig auch die Dynamik (Spannung, Intensität) einer Bewegung gemeint. Dieser Begriffsaspekt bezieht sich eher auf die Wirkungen des Krafteinsatzes bei Bewegungsabläufen, also auf die sichtbare Ausführungsweise („kraftvoll"), nicht primär auf tatsächlich meßbare Muskelkontraktionen.
Die Abb. 52a–f erläutert weitere Beispiele zur Entwicklung von Kraft.

(51a–b) Kraftentwicklung durch Halten des Spielbeins

(51c–d) Kraftentwicklung durch Heben eines Partners, mit und ohne Drehung

(52 a) Sich einander nähern und voneinander entfernen durch Strecken und Beugen der Arme (oberer Partner) und Beine (unterer Partner); Kräftigung von Bein-, Brust- und Bauchmuskulatur beim unteren Partner, von Arm- und gesamter Rumpfmuskulatur beim oberen Partner

(52 b) Sich einander nähern und voneinander entfernen durch Strecken und Beugen der Arme. Kräftigung der Arm- und Brustmuskulatur des Partners am Boden, von Arm- und gesamter Rumpfmuskulatur des Partners in Schräglage

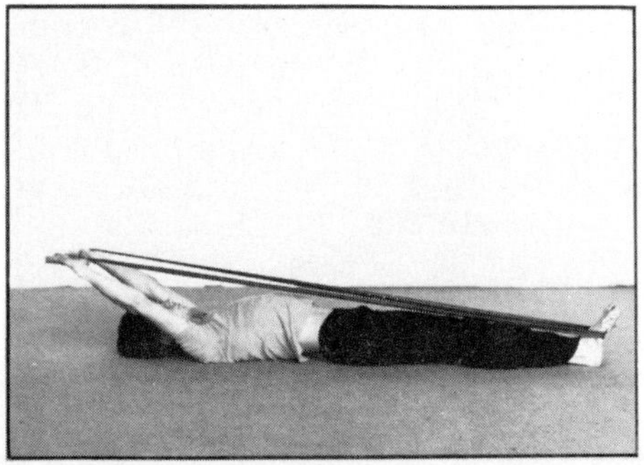

(52 c) Einen Fahrradschlauch in Rükkenlage von der Vor- in die Hochhalte führen. Kraftentwicklung in der Arm- und Brustmuskulatur (vgl. Expander-Effekt)

(52 d) Wechselseitige Fuß-/Kniefederungen in tiefer Hockstellung mit seitlichem Aufsetzen des jeweiligen Spielbeinfußes auf dem Boden (vgl. Kasatschokbewegung in russischen Folkloretänzen); Kraftentwicklung in der gesamten Beinmuskulatur

(52 e) Schlußsprünge mit leicht gekreuzten Beinen, wobei in der Sprungphase ein Wechsel von hinterem und vorderem Bein vorgenommen wird (hier in zusätzlicher Verbindung mit Gerätbewegung); Kraftentwicklung in der gesamten Beinmuskulatur

(52 f) Mit einem Partner ziehend um einen Gegenstand „kämpfen“ (hier Stab). Kraftentwicklung in Arm-, Rumpf- und Oberschenkelmuskulatur

Ausdauer: Die Entwicklung von Ausdauer ist notwendig zur Aufrechterhaltung der Leistungsfähigkeit vor allem bei länger dauernder Belastung (Ausdauer = Ermüdungswiderstandsfähigkeit).
Die Fähigkeit für Ausdauerleistungen wird beeinflußt durch den Funktionszustand der Körperorgane (vor allem des Herz-Kreislauf-Systems), durch die Fähigkeit zur Bewegungskoordination sowie durch die zugrunde liegende Motivation. Man unterscheidet:
– *lokale Ausdauer:* sie bezieht sich auf einzelne Muskelgruppen und wird geschult, wenn bei hoher Belastung weniger als $\frac{1}{7}$ bis $\frac{1}{6}$ der gesamten Skelettmuskulatur beansprucht wird (etwa die Muskulatur beider Beine)
– *allgemeine Ausdauer:* dabei wird unterschieden zwischen der *allgemeinen anaeroben Ausdauer,* d. h. der Fähigkeit des Körpers, bei mehrfacher hoher Belastung kurz hintereinander eine „Sauerstoffschuld“ einzugehen (Schnelligkeitsausdauer, „Stehvermögen“), wobei keine gleichzeitige ausreichende Sauerstoffzufuhr stattfindet, und der *allgemeinen aeroben Ausdauer,* d. h. der Fähigkeit, länger dauernde Beanspruchungen bei gleichzeitiger, gleichmäßiger und ausreichender Zufuhr von Sauerstoff durchzuhalten, wobei mehr als $\frac{1}{6}$ bis $\frac{1}{7}$ der Skelettmuskulatur beansprucht wird.

Beispiele zur Verbesserung der Ausdauer: Erarbeitete Bewegungsabläufe ohne Unterbrechung mehrmals nacheinander ausführen; Laufen in Verbindung mit Federn, Hüpfen, Springen nach Schlagwerkbegleitung oder gegebener Musik über einen längeren Zeitraum (3 bis 6 Minuten), Einbezug verschiedener Rhythmisierungen (Halbierung, Verdopplung des Grundschlags), Änderung der Laufintensität, der Schrittlänge bei gleichbleibendem Grundtempo; 1 Minute Springen mit dem Seil unter Beibehaltung gleichbleibender Rumpf- und Beinspannung; 1 Minute Schwingen, Kreisen, Achterschwingen mit einem Gymnastikband unter Beibehaltung einer maximalen Bewegungsamplitude.

Schnelligkeit: Sie ist immer dann notwendig, wenn Bewegungen in kurzer Zeitspanne bzw. mit hoher Geschwindigkeit ausgeführt werden sollen. Im Bereich Gymnastik/Tanz ist sowohl die *motorische Reaktionsschnelligkeit* als auch die *motorische Aktionsschnelligkeit* von Bedeutung.
Die motorische Reaktionsschnelligkeit ist gekennzeichnet durch die Geschwindigkeit, mit der ein gegebener Reiz motorisch „beantwortet“ wird, d. h. durch die Zeitspanne (Latenzzeit) zwischen Reizgebung und Bewegungsreaktion. Dies setzt vor allem eine Differenzierung der Wahrnehmungsfähigkeit voraus und erfordert Koordination und Beweglichkeit.
Die motorische Aktionsschnelligkeit ist gekennzeichnet durch die Frequenz der Bewegungsausführung/Bewegungsfolge bei Bewegungen mit geringem Widerstand, die also weniger Kraft erfordern. Die motorische Aktionsschnelligkeit hängt vor allem von koordinativen Fähigkeiten ab.

Beispiele zur Verbesserung der Schnelligkeit: *Reaktionsschnelligkeit:* Schnelle Reaktion auf akustische (auch optische und taktile) Reize, z. B. „blitzartig“ jeweils andere Körperpositionen einnehmen (stehen, sitzen, liegen), wenn ein bestimmtes Klangzeichen ertönt; über Spiralwindungen eines Gymnastikbandes springen; ein fallengelassenes Handgerät/Material blitzschnell wieder auffangen/aufnehmen.
Aktionsschnelligkeit: Alle Möglichkeiten von Temposteigerungen bei Fortbewegungsarten aller Art und bei Isolationsbewegungen am Ort (z. B. lockere Schüttelbewegungen der Schultern auf Horizontalebene); „Tempospringen“ mit Seil; schnelles Ballprellen; Wechsel aus verschiedenen Bodenlagen zum Stand in immer schnellerer Folge.

Flexibilität: Hierunter versteht man die Bewegungsweite, die ein Gelenk zuläßt; umgangssprachlich spricht man hier häufig auch von Gelenkigkeit. Vor allem eine möglichst große Flexibilität der Hüft-, Bein- und Schultergelenke ist für den Bereich Gymnastik/Tanz von Bedeutung. Die Verbesserung von Flexibilität wird dadurch erreicht, daß man gezielt auf jene Muskeln einwirkt, die die Bewegung eines Gelenkes verursachen. Über wechselseitiges (passives wie aktives) Dehnen und Kräftigen dieser Muskeln wird nach längerer Übung dann auch eine Vergrößerung der Bewegungsweite des Gelenks selbst erreicht. Bewegungsformen wie weites Spreizen der Beine oder ausladende Rumpf-/Schulterbewegungen, z. B. Wellenbewegungen in Sagittal- und Frontalebene (vgl. S. 75/76); Drehen von Körperteilen gegen die Körperlängsachse; Verwringungen, d. h. Gegendrehungen der Wirbelsäule „in sich" um die Körperlängsachse (vgl. Abb. 53 sowie Kapitel zum Jazz, S. 32f.), lassen sich zunehmend leichter ausführen.

Die Verbesserung der Bewegungsamplitude eines Gelenkes ist jeweils abhängig von der Länge und Elastizität der Gelenkbänder, der Gedehntheit und Kraft der auf das Gelenk einwirkenden Muskelgruppen und von den spezifischen Bewegungsmöglichkeiten eines Gelenkes: Beugen/Strecken beim Scharniergelenk, z. B. Kniegelenk; Drehen/Kreisen beim Kugelgelenk, z. B. Schultergelenk, Hüftgelenk sowie Gelenksystem der Wirbelsäule.

Dehnung erfolgt meistenteils im Zusammenhang mit Kräftigung. Um Schädigungen des Bewegungsapparates zu vermeiden, ist sogar bei passiven Dehnübungen verstärkt auf ausgleichende Kräftigungsübungen zu achten. Aus Gründen der Verletzungsgefahr sollen Dehnübungen im Übungsprozeß stets *nach* Aufwärm- und Lockerungsübungen und *vor* Kräftigungsübungen erfolgen; nur erwärmte, gelockerte, entspannte Muskeln (nicht aber Sehnen und Bänder) sind maximal dehnbar, und ein vorher gedehnter Muskel läßt sich entsprechend stärker kontrahieren als ein nicht vorgedehnter. Ein Muskel wird gedehnt entweder durch Kontraktion der jeweiligen Gegenspieler (Antagonisten) auf der entgegengesetzten Körper(teil)seite (aktive Dehnung) oder durch Einwirkung von Schwerkraft, Zug bzw. Druck eines Partners oder durch Gerätehilfen (passive Dehnung). Das Bewegungsausmaß ist bei passiver Dehnung größer als bei aktiver. Bei jeder aktiven Dehnung ist der Kräftigungseffekt für den Antagonisten größer als der Dehneffekt für den Agonisten.

Beispiele für aktive (54, 55, 58) und passive Dehnung (56, 57, 59–61) sowie für Kräftigung (50–52) ergeben sich aus den entsprechenden Abbildungen.

(53) Aktive Dehnung der Rücken- und seitlichen Rumpfmuskulatur durch Verwringung der Wirbelsäule

(54) Aktive Dehnung der Muskulatur von Rücken, Gesäß, Oberschenkelrückseite (linkes Bein)

(55) Aktive Dehnung der Muskulatur von Unterschenkelrückseite (Waden), Arminnenseiten, linker Rumpfseite (bei aktivem Zug der jeweiligen Gegenspieler!)

(56) Passive Dehnung der Bauch- und Brustmuskulatur mit Partnerhilfe

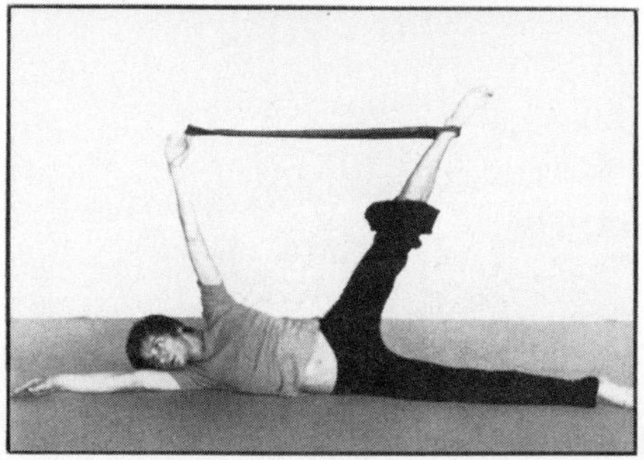

(57) Passive Dehnung der Muskulatur der Innenseite des linken Oberschenkels sowie der beteiligten Hüftmuskulatur, hier durch Zug mittels eines dehnbaren Objekts

(58) Wie Abb. 55, dazu aktive Dehnung der Muskulatur der gesamten Beinrückseite

(59) Passive Dehnung der Muskulatur der Rumpfvorderseite durch Partnerhilfe

(60) Aktive (während der Rückbeuge) und passive (bei Bodenaufsatz der Hände) Dehnung der Muskulatur der Rumpfvorderseite unter Einbezug eines dehnbaren Objektes

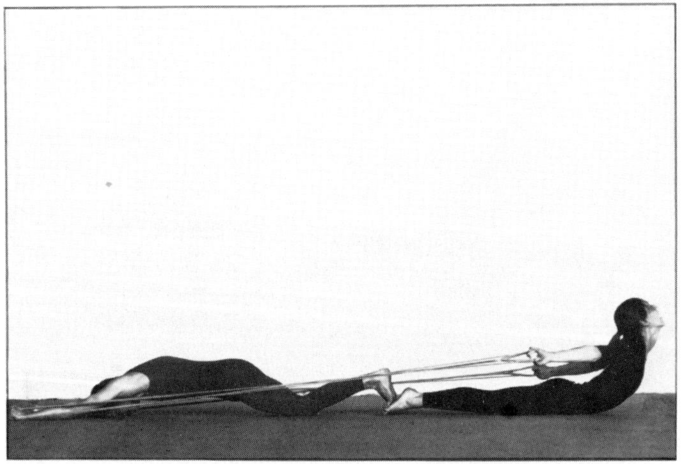

(61a–d) Passive Dehnung mit Gerät und Partnerhilfe, wobei die Übungen für den Ziehenden (hier jeweils der männl. Partner) Kräftigungseffekt haben, insbesondere in Arm-, Rumpf-, Schulter- und Beinmuskulatur

(62a) In der Aufwärtsbewegung des Rumpfes aktive Dehnung des oberen Teils der Muskulatur der Rumpfvorderseite

(62b) In der langsamen Abrollbewegung des Rumpfes aktive Dehnung der Muskulatur der Rumpfrückseite

In welchen Anwendungssituationen tritt Bewegungskoordination in den Bereichen Gymnastik und Tanz auf?

Grundlage für eine koordinierte Bewegung ist das Zusammenspiel von Zentralnervensystem und beteiligter Skelettmuskulatur. Dabei spielt der Übungsgrad der Muskulatur, der Grad des Beherrschens einer Bewegung eine große Rolle. Im Bereich Gymnastik und Tanz tritt Koordination, also das Zusammenspiel verschiedener Körperbewegungen, vor allem in folgenden drei Ausprägungen auf:

1. als Koordination bei einer sich sukzessiv, in schneller Folge wiederholenden Bewegung, die meist isoliert und unabhängig von äußeren Bedingungen (Partner, Gerät) erfolgt, z. B. Schultern in schneller Folge kreisen; Becken kippen und aufrichten; Beine aus- und eindrehen mit abwechselnder Beugung und Streckung der Füße, entweder während der Fortbewegung (beim Spielbein) oder in verschiedenen Bodenlagen; hier liegt jeweils große Aktionsschnelligkeit zugrunde

2. als Koordination bei sukzessiv und/oder simultan erfolgenden, verschiedenartigen Bewegungen unabhängig von unmittelbaren äußeren Bedingungen (Partner, Gerät), z. B. Vorwärts-, Rückwärts-, Seitwärtsgehen mit verschiedenen Fußansätzen in Verbindung mit regelmäßigen Dreh-, Kreis-, Neigebewegungen des Kopfes oder verschiedene Fuß-/Kniestellungen in Verbindung mit gleichzeitigen Hand-, Arm-, Schulter- oder Rumpfbewegungen, die parallel oder entgegengesetzt zu den Bein-/Fußbewegungen verlaufen

3. als Koordination von Körperbewegungen mit „äußeren Einflüssen" wie Objekte/Materialien, Musik, Partner/Gruppe (vgl. Bildbeispiele im Abschnitt „Objekte", S. 78 ff.).

2. Bewegungstechnische Grundlagen

Unter welchen Gesichtspunkten lassen sich Fortbewegungsarten unterscheiden?

Fortbewegungsarten gehören neben den Bewegungsformen wie Stände, Drehungen, Wellen und Schwünge, die am Ort oder auch in Verbindung mit Fortbewegungsarten ausgeführt werden, zum bewegungstechnischen Grundrepertoire im Bereich Gymnastik/Tanz.

Bei allen Fortbewegungsarten findet eine permanente Gewichtsverlagerung statt, wobei sich der Körperschwerpunkt – unterstützt durch eine unterschiedliche Anzahl von Körperpunkten und -flächen – in weiterer (z. B. beim Gehen, Laufen, Springen) oder geringerer Entfernung zum Boden befinden kann (z. B. Kriechen). Bei letzterem reicht die Skala der Möglichkeiten von der Fortbewegung auf den Extremitäten, die auf verschiedenste Weise gestreckt, gebeugt, eingedreht, ausgedreht gehalten bzw. bewegt werden können, über das Fortbewegen ohne Einsatz von Armen oder Beinen (z. B. Schlängeln = Fortbewegung durch Wellenbewegungen der Wirbelsäule in Sagittal- oder Frontalebene) bis zur Verbindung von (geradliniger) Fortbewegung und Rotation (Rollen).

(63 a–b) Fortbewegungsmöglichkeiten am Boden mit unterschiedlichem Einsatz von verschieden großen Unterstützungsflächen des Körpers: Rumpfvorderseite oder -rückseite, Schmalseite (wobei der Boden, Objekte, der Körper eines Partners als Unterstützungsflächen dienen können) und mit Einsatz von Unterstützungs-„Punkten" des Rumpfes und der Extremitäten (Hände, Knie, Füße, Kopf, Schultern, Unterarme)

(63 c–k) Bewegungsablauf, ausgehend von verschiedenen Fortbewegungsarten am Boden

Im Anschluß an unterschiedlichste Fortbewegungsarten, die – im Gegensatz zum darauffolgenden Teil – nicht symmetrisch zueinander verlaufen (63 c, d), finden sich die Partner zu Beginn des in Abb. 63 c–k gezeigten Ablaufs in Liegestützstellung nebeneinander ein (63 e). Durch eine Drehbewegung um die Längsachse wird eine Kettenreaktion ausgelöst, nach deren Ablauf sich die Gruppenteilnehmer in je einem rechten Winkel zueinander in neuen Positionen formieren. Diese rechtwinklige Ausrichtung der Partner wird bei der sich anschließenden Rolle um die Querachse mit dem Ziel, auf die Rumpfrückseite des liegenden Partners zu gelangen, beibehalten, ebenso bei dem darauffolgenden Abrollen vom Körper des Partners, der als „schräge Ebene" fungiert und durch Rumpfheben den Anstoß zum Abrollen um die Längsachse gibt. Nach einer (im Bild nicht sichtbaren) ¼ Drehung rollen die oberen Partner (über die Beine der unverändert unten liegenden) wieder zurück, bis sie sich in Rückenlage mit weit gegrätschten Beinen auf den Beinen der unten liegenden Partner befinden.
Wie läßt sich dieser begonnene Gruppenablauf weiterführen?

Welches sind die charakteristischen Merkmale der Fortbewegungsarten Gehen, Laufen, Springen?

Das charakteristische Merkmal des *Gehens* ist eine fortlaufende Gewichtsverlagerung von einem Bein auf das andere, wobei ein Fuß immer Bodenkontakt hat. Mit Ausnahme des Gehens auf der Stelle (z. B. bei einer Pantomime), ist das Gehen immer mit Raumgewinn verbunden. Beim „Alltags"-Gehen rollen die Füße nach dem Aufsetzen von der Ferse über den ganzen Fuß bis zum Ballen und zu den Zehen ab, beim stilisierten Gehen umgekehrt von den Zehenspitzen zur Ferse.
Ob eine schnelle Fortbewegung noch als Gehen bezeichnet wird, hängt nicht grundsätzlich vom Bewegungstempo ab, sondern davon, ob die o. g. Bewegungscharakteristika auf den Bewegungsablauf zutreffen.
Beim *Laufen* erfolgt wie beim Gehen eine Gewichtsübertragung von einem Bein auf das andere, aber verbunden mit einer kurzzeitigen Aufgabe des Bodenkontakts (Flugphase).
Eine Ausführungsvariante des Gehens und Laufens stellt das *Federn* in Fuß-, Knie- und Hüftgelenken dar. Eine Federbewegung besteht aus einem raschen und elastischen Auf- und Abbewegen oder Strecken und Beugen in den Gelenken. Bei ein- und beidbeinigen Fußfederungen können die Zehenspitzen sowohl in Bodenkontakt bleiben als auch leicht abheben (kleine, kaum sichtbare Flugphase). Der Übergang zum Laufen und Springen ist fließend.
Die rhythmische Struktur des Federns gleicht der des Laufens, ist nur u. U. (z. B. beim Doppelfedern) in ihrer metrischen Wertigkeit unterschiedlich. Federbewegungen sind nicht nur eine spezielle Bewegungsmöglichkeit für Fuß-, Knie- und Hüftgelenke, sondern können ebenso mit anderen Körperteilen ausgeführt werden (Federn in Hand-, Ellenbogen- und Schultergelenk). Durch gleichbleibenden Krafteinsatz der beanspruchten Muskulatur kann eine Federbewegung als solche aufrechterhalten werden, kann aber auch – bei nachlassender Muskelanspannung – zum allmählichen Ausklingen einer Bewegung führen.
Das *Springen* ist gekennzeichnet durch einen explosiven Absprungimpuls, um den Körper in eine wesentlich höhere Flugphase zu bringen als beim Laufen. Die Flugbahn des Körperschwerpunkts kann steiler oder flacher sein.

Sprünge lassen sich unterscheiden:
1. nach der Art der Ortsveränderung: Sprünge am Ort mit

(64 a–c) Sprünge ohne Gerät

(65a–b) Sprünge mit Gerät; a) als Schrittsprung mit Rückwärtsdurchschlag des Seils

(66a–b) Sprünge über Partner als Hindernis

Landung am Ort (z. B. Schlußsprünge); Sprünge in der/die Fortbewegung (z. B. Laufsprung); Sprünge in die Höhe (z. B. Hüpfsprung, Pferdchensprung); Sprünge in die Weite/in die Höhe und Weite (z. B. Schritt-, Dreh-, Spagatdurchziehsprung)

2. nach Art des Absprungs und der Landung:
– von zwei Beinen auf zwei Beine: Schlußsprünge mit unterschiedlicher Rumpf- und Beinhaltung in der Flugphase (gestreckter oder gebeugter Rumpf, gestreckte oder gebeugte Hüft-, Knie-, Fußgelenke, bei beiden Beinen parallel oder unterschiedlich, z. B. vorwärts, seitwärts, rückwärts Spreizen eines gestreckten oder gebeugten Beines)
– von einem Bein auf zwei Beine: z. B. vorwärts, seitwärts, rückwärts Spreizen eines Beines mit Landung in geschlossener oder offener Bein-/Fußstellung
– von einem Bein auf dasselbe Bein: „Hüpfsprünge" (vgl. unten Hüpfen); Anschlagsprünge seitwärts, vorwärts, rückwärts, mit halber oder ganzer Drehung; Wendesprung mit Vorspreizen eines gestreckten oder gebeugten Spielbeines mit halber Drehung; Spagatdurchziehsprung
– von einem Bein auf das andere Bein: z. B. Schritt-/Laufsprung (auch mit halber Drehung gegen die ursprüngliche Fortbewegungsrichtung; mit Anschlagen des Spielbeines an das Sprungbeinknie usw.); Pferdchen- oder Galoppsprung, auch mit halber oder ganzer Drehung; Schersprung, Drehschersprung.
Dem Springen läßt sich das *Hüpfen* zuordnen, bei dem Absprung und Landung auf demselben Bein erfolgt. Ein besonderes Kennzeichen des Hüpfens ist – unabhängig von Höhe und Dauer der Flugphase – die rhythmische Struktur: Die zweimalige Bodenberührung erfolgt in ungleichmäßigen Zeitwerten (punktierter Rhythmus), d. h. die Flugphase nach dem Fußabdruck ist länger und folglich betonter als die zweite (kurze) Bodenberührung des Absprungfußes mit dem anschließenden Wechsel auf das vorherige Schwungbein.

Die für das Hüpfen typische rhythmische Struktur ebenso wie die akzentuierte Flugphase hat auch der *Galopp,* bei dem – im Unterschied zum Hüpfen – Absprung- und Landebein nach jeweils einmaligem Bodenkontakt gewechselt werden.

Unter welchen Aspekten können Fortbewegungsarten variiert werden?

Alle Fortbewegungsarten können variiert werden in Hinblick auf: – Zeit, z. B. in verschiedenen Tempi, Rhythmisierungen, in Verbindung mit Pausen usw.
– Raum, z. B. hoch, tief, weit, flach gehen, laufen, springen
– Dynamik, z. B. leicht, gelöst, schwingend, akzentuiert, gleichmäßig, hart, gespannt gehen, laufen usw.
– Haltung/Spannung des Rumpfes und der Extremitäten, z. B. gestreckter, gerundeter Rumpf; gestreckte, gebeugte Extremitäten (u. U. Körperteilveränderungen zwischen Absprung-, Flug- und Landephase); unterschiedlicher Armeinsatz, z. B. schüttelnd, pendelnd, schwingend, schlagend, stoßend, geführt oder in unveränderter Form gehalten
– Zusatzbewegungen des Kopfes, Rumpfes usw., z. B. lockere Auf- und Ab- oder Schüttelbewegungen der Schultern beim ein- oder beidbeinigen Federn; Contract-Release-Bewegungen in verschiedenen Körperteilen; federnde Fallbewegungen des Kopfes (nach vorn, hinten und zur Seite) beim Gehen
– Bewegungsansatz einer Fortbewegung (vgl. S. 70)
– Bewegungscharakter/Bewegungsausdruck (gleichzeitig gebunden an dynamische Komponenten), z. B. torkelnd, eilend gehen neben Alltagsgehen (67 a) oder sich tastend, komisch, verkrampft, wütend, übermütig, schüchtern, prahlerisch, aggressiv, unsicher in hoher oder tiefer Lage fortbewegen
– Verbindung mit Drehungen
– Verbindung mit Handgeräten/Materialien (67 d)
– Verbindung mit Partner(n) (67 c, d).

(67a–e) Verschiedene Variationen von Fortbewegungsarten: a) gespanntes, eilendes neben torkelndem und „normalem“ Gehen, b) sich beim Gehen „in die Brust werfen“; c, e) sich mit Partnerhilfe fortbewegen; d) Federn in Verbindung mit Handgerät

Von welchen Ansätzen kann eine Körperbewegung ausgehen?

Das Kennen und Erkennen verschiedener Bewegungsansätze ist eine wichtige Voraussetzung zum Verständnis charakteristischer Bewegungsprinzipien einzelner Gymnastikrichtungen und Tanzstilarten. Die praktische Auseinandersetzung mit den unterschiedlichen Ansätzen dient dazu, die Verfügbarkeit über den eigenen Körper immer mehr zu steigern.
Ein Bewegungsansatz kann erfolgen:
- aus den verschiedenen Rumpfzentren (Becken, Brustkorb, Schulter, z. B. bei Ganzkörperwelle und Rumpfwelle, vgl. S. 75)
- aus der Peripherie des Körpers; dabei erfolgt eine Impulsübertragung von dem jeweiligen Zentrum auf den übrigen Körper
- aus verschiedenen Körperteilen ohne Impulsübertragung.

Von besonderer Bedeutung ist der Bewegungsansatz aus der Körpermitte (Becken). Dieser Ansatz ist ein charakteristisches Merkmal einiger Stilrichtungen im Bereich Gymnastik/Tanz, z. B. der Rhythmischen Gymnastik (vgl. S. 12f.), teilweise auch der Rhythmischen Sportgymnastik (vgl. S. 14), des Modern Dance nach der Technik von Martha Graham (vgl. S. 43f.).
Beim Bewegungsansatz aus der Peripherie des Körpers setzt sich ein Bewegungsimpuls – in Umkehrung zum Ansatz aus verschiedenen Rumpfzentren – „von außen nach innen“, von den Gliedmaßen zum Rumpf – fort. So kann z. B. eine (Fort-)Bewegung eingeleitet und „angeführt“ werden durch Kopf-, Hand-/Arm-, Fuß-/Beinbewegungen, oder auch durch „Körperpunkte“ (Ellenbogen, Knie, Handgelenk, Ferse usw.). Typische Beispiele für Bewegungsansätze im Fuß findet man in fast allen Fortbewegungsarten des Klassischen Balletts.
Beim Bewegungsansatz ohne Impulsübertragung setzt die Be-

(68) Bewegungsansatz aus Becken mit Impulsübertragung

(69) Bewegungsansatz aus Schulter(n)

(70) Bewegungsansatz aus Brustkorb in Frontal- und Sagittalebene

(71) Bewegungsansatz aus verschiedenen Körperzentren, hauptsächlich aus dem Kopf

wegung in einem Körperteil (Zentrum oder Area, vgl. S. 30) an, das isoliert vom übrigen Körper bewegt wird. Dies trifft auch für polyzentrische Bewegungen zu (vgl. S. 31), bei denen zwei oder mehr Körperteile unabhängig voneinander bewegt werden. Auch hier findet keine Impulsübertragung, lediglich eine Impulsreihung statt. Der Bewegungsansatz aus einzelnen Körperzentren ist ein charakteristisches Merkmal der sog. Isolationstechnik im Jazztanz (vgl. S. 30ff.).

Welche charakteristischen Merkmale weisen Bewegungsformen wie Schwünge, Stände, Drehungen und Wellen auf?

Schwünge können sowohl als selbständige Bewegungsformen als auch in simultaner Verbindung mit Fortbewegungsarten auftreten (z. B. schwingendes Gehen oder Laufen). Das Schwingen ist dann eine Ausführungsvariante dieser Fortbewegungsarten.

Der Bewegungsablauf beim Schwingen besteht aus einer Fallbewegung eines Körperteils, bewirkt durch die Schwerkraft, und einer Aufwärtsbewegung gegen die Schwerkraft. Jede Schwungbewegung kann durch eine auftaktige (schwungverstärkende) Phase eingeleitet werden. Wird der Schwerkraft nicht durch eine Fallbewegung nachgegeben und statt dessen ein Körperteil in annähernd konstanter, gemäßigter Geschwindigkeit bewegt, spricht man von einer (Rumpf-, Arm-, Bein-)*Führung.*

Ein Schwung kann als isolierte Bewegung eines einzelnen Körperteils und als „ganzkörperliche" Bewegung ausgeführt werden. „Ganzkörperlich" bedeutet hier, daß sich durch Heben und Senken des Körperschwerpunktes im Schwungrhythmus, d. h. durch Nachgeben, Beugen und Strekken in Sprung-, Knie- und Hüftgelenken, der Schwungimpuls eines Körperteils (z. B. ausgehend von Halbkreisschwüngen des Kopfes) im ganzen Körper fortsetzt.

Schwünge lassen sich unterscheiden:

– nach ihrem Ansatz in verschiedenen Körperteilen (Kopf-, Arm-, Rumpf-, Beinschwünge)

– nach ihrer Form (Pendel-, Kreis- oder Achterschwünge), auch mit Materialien (z. B. Schleuderball, Seil, Band, Tuchmaterial von unterschiedlicher Größe und Schwere, u. a. Betttücher usw.)

– nach Parallel- oder Gegenbewegung (z. B. zeitlich versetzte/synkopierte Armschwünge)

– nach ihren Raumebenen (Schwünge in Horizontal-, Frontal- und/oder Sagittalebene sowie in schrägen Ebenen).

Aufgabenbeispiele: Entwicklung von Kopf- zu Rumpfschwüngen unter dynamischem Aspekt; Schwünge und Führungen mit verschiedenen Körperteilen, in unterschiedlichen Raumebenen, am Ort und in Fortbewegung; Schwünge und Sprünge oder Schwünge und Würfe mit einem Seil/Tuch in Verbindung mit Drehmöglichkeiten am Boden; dasselbe mit Partner unter Einbezug paralleler/kontrastierender/zeitlich versetzter Bewegungsphasen; Schwünge mit einem Band in Verbindung mit Spiralen und Schlangen in verschiedenen Ebenen, am Ort und in der Fortbewegung.

Stände zählen zu den Gleichgewichtselementen, die an eine räumlich fixierte Stützstelle gebunden sind und bei denen sich mindestens die stützende Körperstelle in relativer Ruhelage befindet. Sie haben in der Regel eine Ansatz-, Stand- und Absetzphase, wobei die erste als Vorbereitungsphase (Verlagerung des Körperschwerpunktes, Dosierung des Krafteinsatzes) die größte Bedeutung für das Gelingen der Standphase hat. In der Standphase muß der Körperschwerpunkt über der Unterstützungsfläche ausbalanciert werden, indem vor allem die Stützbein-Muskulatur durch verstärkte Haltearbeit äußeren Krafteinflüssen (z. B. Schwerkraft) entgegenwirkt. Die Anforderungen an Gleichgewichtsvermögen und Stützkraft sind außer von der Lage des Körperschwerpunktes auch abhängig von der Größe der Unterstützungsfläche.

(72) Einbeinige Stände mit unterschiedlichen Fußansätzen

(73) Einbeinige Stände mit verschiedenen Spielbein-, Rumpf- und Armhalten

Stände lassen sich z. B. unterscheiden nach Art der Unterstützungsfläche:
- beidbeinige Stände mit gleichmäßiger Gewichtsverteilung (Körperschwerpunkt befindet sich etwa in der Mitte über der Stützfläche: Schluß-, Schritt-, Grätsch-, Kreuzstände)
- beidbeinige Stände mit ungleicher Verteilung (Verlagerung) des Körpergewichts (Ausfallstände, Stände mit unterschiedlichem Fußansatz des geringer belasteten Beines)
- einbeinige Stände mit unterschiedlichem Standbein- (gestreckt, gebeugt, wechselnd) und/oder Spielbeinverhalten (an Fuß/Unterschenkel gefaßt, mit Geräthilfe oder frei gehalten, mit Spielbeinbewegungen)
- beid- oder einbeinige Stände auf Unterschenkel(n) bzw. Knie(n)
- Stände mit mehr als zwei Unterstützungspunkten.

Weitere Unterscheidungsmöglichkeiten sind:
- die Art des Fußansatzes im Standbein [(flache Sohle(n), Fußballen (Hochzehenstand), Ferse(n), Fußaußen- bzw. -innenkante(n)]
- die Art des Oberkörperverhaltens (statisch oder dynamisch: Kopf, Arme, Rumpf gehalten oder weiterbewegt).

(74a–f) Stände mit unterschiedlicher Anzahl von Unterstützungspunkten und verschiedener Gewichtsverteilung

(75a–c) Beid- und einbeinige Stände mit extremer Körperschwerpunktverlagerung, bei denen das Gleichgewicht z. T. nur mit Partnerhilfe gehalten werden kann (a, b); Stände in Umkehrstellung (c)

Drehungen sind Rotationsbewegungen meist um die Längs- oder Querachse des Körpers. Während Drehungen am Boden (Rollen) in der Regel mit Fortbewegung verbunden sind, erfolgen Drehungen in den Vertikalebenen (in der Regel auf geringer Unterstützungsfläche) am Ort, es sei denn, sie werden in Verbindung mit einer Fortbewegungsart (z. B. Springen) ausgeführt. Der Körperschwerpunkt befindet sich beim Drehen in labiler Gleichgewichtslage, die durch unterschiedliches Kopf-, Rumpf-, Arm- und auch Spielbeinverhalten (bei einbeinigen Drehungen um die vertikale Körperlängsachse) noch verstärkt wird. Stabilisiert werden kann die Gleichgewichtslage bei Drehungen in den Vertikalebenen dagegen durch senkrechte Aufrichtung der Körperlängsachse, durch Rumpf- und Beinspannung und durch kürzere Drehzeit des Kopfes. (Er folgt dem Drehimpuls des Körpers schnell und kurz nach, während sich die Augen vor und unmittelbar nach der Drehung auf einen ausgewählten Fixpunkt im Raum richten; vgl. Drehungen und Pirouetten im klassischen Tanz, S. 36 ff.).
Drehungen um die vertikale Körperlängsachse werden unterschieden:

– durch ein- oder beidbeinigen Stützeinsatz, z. B.: $1/4$, $1/2$, $1/1$ Drehungen ausführen auf beiden Füßen (auf flacher Sohle, Fußballen, Fersen; mit gleichmäßiger oder ungleichmäßiger Belastung der Füße), mit gestreckten bzw. gebeugten Beinen (sich z. B. aus dem Hochzehenstand zur tiefen Hocke „hinunterschrauben“ und wieder herauf), mit gespanntem bzw. teilentspanntem Oberkörper, in fortlaufender oder wechselnder Drehrichtung, gebundener oder abgehackter Bewegungsausführung, wechselnden Tempi; auf einem Fuß, gefedert, gehüpft, Wechsel der Drehrichtung bei Standbeinwechsel; in Verbindung mit Fortbewegungsarten
– durch den Drehansatz, z. B.: Drehungen in der Vertikalen einleiten aus Kopf, Schultern, Becken, Händen/Armen, Füßen/Beinen (z. B. durch Ein- und Ausdrehbewegungen der Arme bzw. Beine zur Körperlängsachse/Körperfront hin bzw. von ihr weg).
Der Drehansatz kann auch „von außen“ erfolgen (durch Partnerhilfe), wobei die Körperlängsachse in der Vertikalen gehalten, aber auch verlagert werden kann, z. B.: in einer Kleingruppe einen Partner um seine vertikal, diagonal, horizontal gerichtete Längsachse drehen (mit und ohne Bodenkontakt).

Im Gegensatz zum Drehen bewegt sich der Körper bei *Kreisen* ohne Drehung um eine körperimmanente Achse auf einer konzentrischen Kreisbahn (geschlossenen kurvigen Raumlinie) um einen außerhalb des Körpers liegenden Mittelpunkt. Das Umkreisen einer außerhalb des Körpers liegenden Achse kann erfolgen:
– in Form eines Flankenkreises (Flanke ist zum Kreismittelpunkt gerichtet, Oberkörper aufrecht oder nach innen oder außen seitlich geneigt)
– in Form eines Frontalkreises (Körperfront zeigt während der Bewegung auf der Kreisbahn unverändert zum Mittelpunkt oder von ihm weg).

Aufgabenbeispiele: – Mit beliebiger oder festgelegter Schrittanzahl um einen sitzenden Partner als Mittelpunkt (und Orientierungshilfe) kreisen; Rollentausch, indem der Sitzende sich allmählich „heraufschraubt" und über spiraliges Kreisen in die Kreisperipherie des Partners einmündet, während dieser umgekehrt die andere Rolle einnimmt; mit Dynamik- und Tempowechseln, im Gehen, Laufen, in Verbindung mit Drehungen, mit „organischem" Partneraustausch mit anderen Paaren im Raum.
– Mit Kopf/-Rumpfkreisen als Einleitung zu Kreisen ohne Frontveränderung, zu parallelen Kreisen ohne und mit Frontveränderung mit einem Partner oder in einer Kleingruppe.
– In Verbindung mit gesprungenen Drehungen kreisen.
Unter dem Begriff *Wellen* werden Bewegungen zusammengefaßt, bei denen verschiedene – die jeweilige Welle bestimmende – Gelenke im zeitlichen Nacheinander gebeugt und gestreckt und gleichzeitig räumlich verschoben werden. Durch diese räumliche und zeitliche Verschiebung entstehen Raumbahnen von Gelenkpunkten, die zum großen Teil ellipsenähnliche Formen aufweisen. Wellen lassen sich nach folgenden Aspekten unterteilen:
1. Nach der Beteiligung einer verschieden großen Anzahl von Körperteilen und somit von Gelenken:

Bei *Ganzkörperwellen* (häufig eingeleitet durch Bewegungen der Hüftgelenke): Beteiligung von Knie-, Hüft- und Schultergelenken, Wirbelsäule, Kopf und – falls der Ballenstand miteinbezogen wird – auch Beteiligung der Fußgelenke.
Bei *Rumpfwellen:* Beteiligung von Wirbelsäule, Schultergelenken und Kopf.
Bei *Armwellen* (häufig eingeleitet durch Bewegungen des Ellenbogengelenks): Beteiligung von Schulter-, Ellenbogen- und Handgelenk.

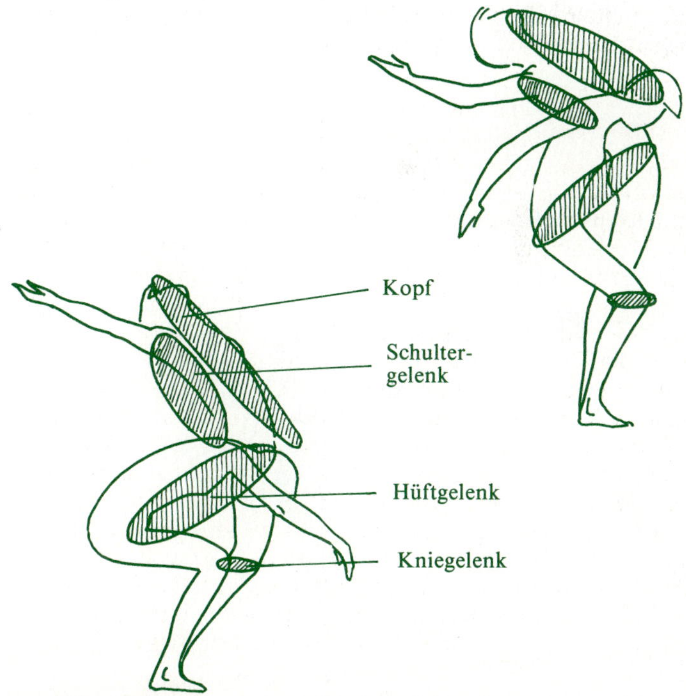

(76) Verschiedene Ellipsen als graphische Verdeutlichung von Wellenbewegungen

2. Nach Bewegungsrichtungen und -ebenen: Beginnt die lineare Raumbahn des einleitenden Gelenks richtungsmäßig nach vorn, nach hinten, zur Seite oder diagonal, spricht man entsprechend von einer Welle vorwärts, rückwärts oder in diagonaler Richtung.
Zweidimensional, d. h. flächig betrachtet, sind alle Wellen vor- und rückwärts an die Sagittalebene gebunden, alle Wellen seitwärts an die Frontalebene (vgl. S. 75/76). Eine diagonale Ebene liegt vor, wenn die Wellenbewegungen in diagonaler Richtung durch den Körper verlaufen (bezogen auf die Körperfront).

3. Nach der dynamischen Ausführung: Alle Wellenbewegungen können sowohl schwunghaft oder geführt (vgl. S. 71) ausgeführt werden.
Varianten von Wellenbewegungen ergeben sich durch verschiedene Stellungen und Lagen des Körpers, durch unterschiedlichen Einsatz der Arme und des Spielbeins (bei einbeinigen Ständen) usw.

(77) Körperwelle in Sagittalebene

3. Objekte und Materialien

Welche Objekte und Materialien können in Gymnastik und Tanz verwendet werden?

Grundsätzlich können in Gymnastik und Tanz alle Objekte verwendet werden, die sich unter verschiedenartigen Aspekten und Zielsetzungen (vgl. S. 5 bis 8) in Bewegung einbeziehen lassen. Diese Einbeziehung kann nach vorgegebenen Normen-Katalogen geschehen (wie z. B. in der Rhythmischen Sportgymnastik) oder nach selbst gefundenen bzw. selbst gesetzten Normen bzw. Regeln, wobei die selbst gesetzten Regeln durchaus mit bereits vorhandenen Bewegungsvorschriften stückweise übereinstimmen können. Beeinflußt durch verschiedene Gymnastikrichtungen, haben sich im Laufe der Zeit Objekte wie Ball, Seil, Stab, Reifen, Keule, Band als „Handgeräte" herausgeschält. Aber auch weniger gebräuchliche Objekte und Materialien können in Verbindung mit Bewegung verwendet werden; z. B. *Ballmaterial* unterschiedlicher Art (Umfang, Schwere) wie: Luftballons, Medizinbälle, Schleuderbälle, Schaumstoffbälle, Gummikugeln u. a.

Schnurmaterial verschiedener Länge, Schwere und Struktur wie: Tau, Zauberschnur, Fahrradschlauch, miteinander verknotete Seile u. a.

Stockmaterial verschiedener Länge, Dicke und Schwere wie: langer Besenstiel, Bambusstöckchen, Pappröhren mit unterschiedlichem Durchmesser u. a.

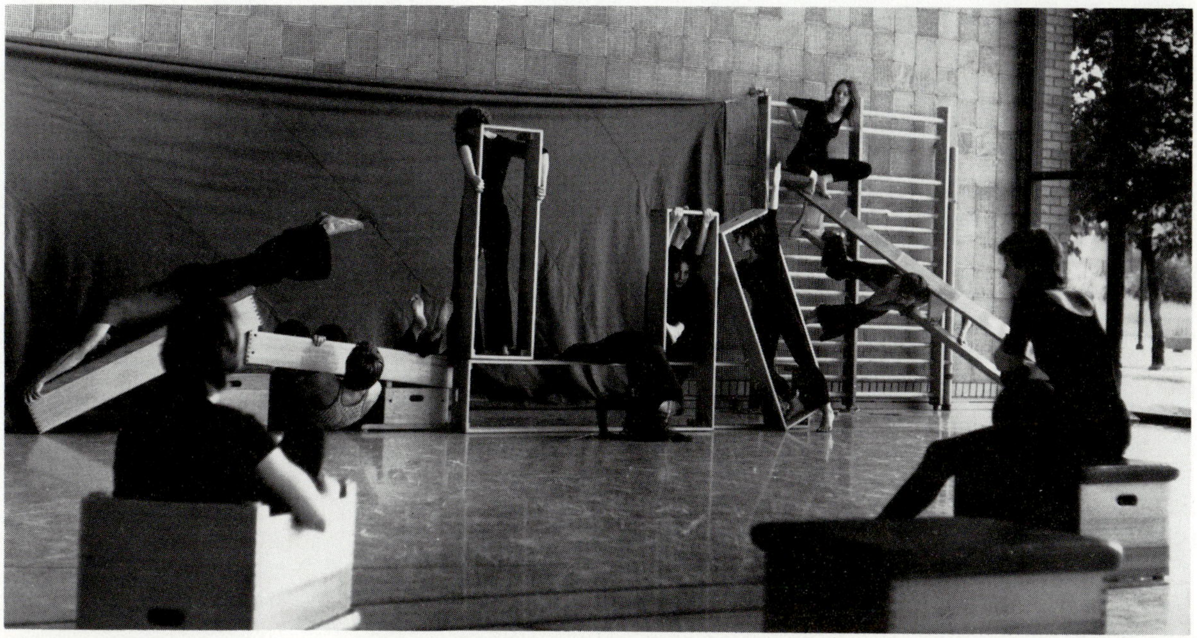

(78) Bewegung in, an, auf, unter, durch „Bauten" aus Turnhallen(teil)geräten

Tuch- und Papiermaterial verschiedener Größe, Schwere und Struktur wie: Schals, Handtücher, Bettücher (einzeln oder mehrere zusammengenäht); Plastikplanen; Zeitungen, Tapeten, Pappe in Bahnen oder zu Kartons zusammengefaltet.

Turnhallen(teil)geräte wie kleine Kästen, Kastenteile in verschiedenartiger Zusammenstellung, Schwebebänke u. a. (78)
Einrichtungsgegenstände wie Stühle, Hocker, kleine Tische
Tanz- und Spielrequisiten wie: Masken, Schminke, Kostüme

(79) Alltagsgegenstände (hier ein Tisch) als Anlaß für Bewegungsaktionen

(80) Fremd- und Selbstbegleitung in der Bewegung

(81a–c) Gebräuchliches Handgerät in der Gymnastik: Band, hier in Partnerarbeit

Klangerzeuger traditioneller Art (hier als in die Bewegung integrierte Objekte, nicht als orchesterartiges Begleitinstrumentarium verstanden) wie: Klangstäbe, Schellenbänder, Rasseln, Fingerzimbeln, Handtrommeln u. a. aus dem Orffschen Instrumentarium

Klangerzeuger unkonventioneller Art als Handgerät verwendet oder am Körper festgebunden und mit Händen, Schlagstöcken oder ähnlichem Schlagmaterial zum Klingen gebracht, z. B. Objekte aus Metall, Styropor, Holz, Plastik, in hohler oder massiver Form.

Unter welchen Zielsetzungen kann der Einsatz von Objekten in Gymnastik und Tanz erfolgen?

Objekte (Handgeräte/Materialien) können in der Gymnastik und im Tanz verwendet werden:

– um die Bewegungserfahrungen durch Auseinandersetzung mit Objekten zu erweitern

– um die Bewegungsbereitschaft zu steigern (Objekt als Bewegungsstimulans)

– um die Wahrnehmungsfähigkeit – vor allem im taktilen und kinästhetischen Bereich – zu verbessern, z. B.: unterschiedliche spezifische Eigenschaften von Objekten und Materialien wahrnehmen und kennenlernen wie Festigkeit, Gewicht, Oberflächenstruktur usw. (z. B. Starrheit eines Kastenteils, Stuhls; Flexibilität eines Seils; Leichtigkeit eines Luftballons; Glätte und geringer Zerreiß-Widerstand einer Plastikplane); unterschiedliche Spannungszustände in Körper und Gerät bei der Arbeit mit Zauberschnur wahrnehmen

– um das Reaktionsvermögen zu schulen, z. B.: selbst oder vom Partner geworfene Objekte wieder auffangen; fallengelassene Objekte „unauffällig“ in einen begonnenen Bewegungsablauf wieder einbeziehen

– um die Koordinationsfähigkeit zu verbessern, z. B.: Körper- und Objektbewegung in Übereinstimmung bringen; Bewegungsimpulse vom Körper differenziert in/auf Objektbewegungen übertragen, z. B. bei der Arbeit mit Band; ein Objekt mit einem Partner austauschen (Abb. 83); Körper- und Objektbewegungen in Partnerarbeit mit Musik koordinieren (Mehrfach-Koordination)

– um differenziertes Raumbewußtsein und -verhalten zu entwickeln, z. B. sich mit, auf, in geradlinigen oder runden Objekten in verschiedenen Raumrichtungen, auf unterschiedlichen Höhenstufen geradlinig/eckig bzw. kurvig/rund (fort-)bewegen

– um rhythmische Fähigkeiten zu verbessern, z. B.: die eigene Bewegung oder die eines Partners mit Handtrommel, Ball, Klangstäben usw. begleiten

– um die Bewegungsdynamik zu differenzieren, z. B.: unterschiedlich große/schwere Objekte mit verschiedener Intensität werfen

– um (wenn man von nicht genormten Handhabungsformen ausgeht) die Phantasie-Tätigkeit anzuregen, die Experimentierfreude zu fördern

– um die Ausdrucks- und Mitteilungsfähigkeit zu verbessern, z. B.: ein Objekt als Vorstellungshilfe benutzen

– um Möglichkeiten der Bewegungsgestaltung durch Objekte zu erweitern, z. B.: bestimmte Gestaltungsabsichten durch ein entsprechendes Objekt verdeutlichen (z. B. „leicht – schwer“ und „hoch – tief“ durch die Verwendung von unterschiedlich schwerem Ballmaterial, s. Abb. 83); parallelen und kontrastierenden Körper- und Objekteinsatz bei Bewegungsabläufen mit, an, auf, unter einem Tisch in Kleingruppen gegenüberstellen (z. B. geradlinig – rund, gebogen; hoch-mittel-tief, s. Abb. 79)

– um Haltungsaufbau und Beweglichkeit zu verbessern, wobei Objekte als Bewegungsunterstützung dienen, z. B.: den Haltungsaufbau verbessern durch Benutzung von „Stockmaterial“ zur verlängernden oder parallelen Linienführung der ungebrochenen oder gebrochenen Körperlängsachse (Winkelstellungen) (82);

die Beweglichkeit in Schultergürtel und Wirbelsäule verbessern durch Schwingen und Kreisen mit Schnur- oder Tuchmaterial verschiedener Größe und Schwere
– um erlernte Bewegungsformen qualitativ zu verbessern, z. B. mit Keule, Schleuderball usw. Arm- und Rumpfschwünge ausführen
– um die Belastungsfähigkeit zu steigern, z. B.: einen Ball in Verbindung mit rascher Fortbewegung in halber Tiefe rollen; über eine längere Zeitspanne Schlußstrecksprünge mit Seildurchschlägen, Schlußhocksprünge mit Rück- oder Vorschwungdurchschlägen (Seil zwei- oder vierfach zusammengelegt) verbinden.

In einer Gruppe bzw. mit Partner objekt-/materialtypische Eigenschaften eines großen Tuchs, einer Plastikplane (84), einer Styroporkiste (85) erkunden.

(82a–d) Parallel- und Kontrastverhalten zur Gradlinigkeit und Starre eines Stabes

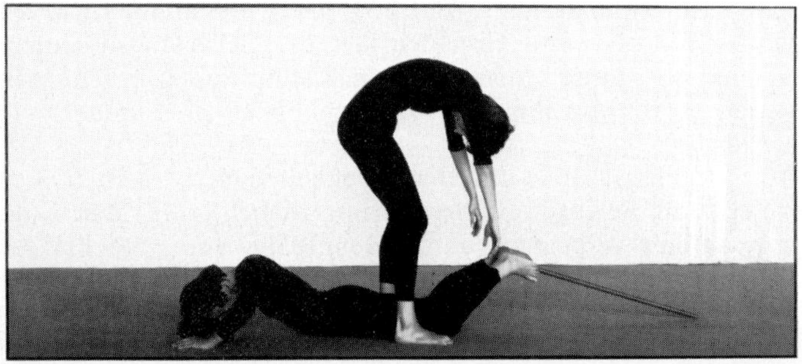

(83a–d) Partnerarbeit mit unterschiedlich schwerem Ballmaterial unter den Aspekten „leicht-schwer“ und „hoch-tief“

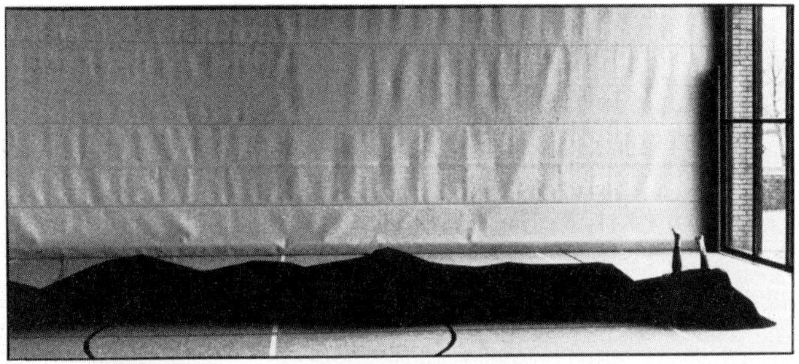

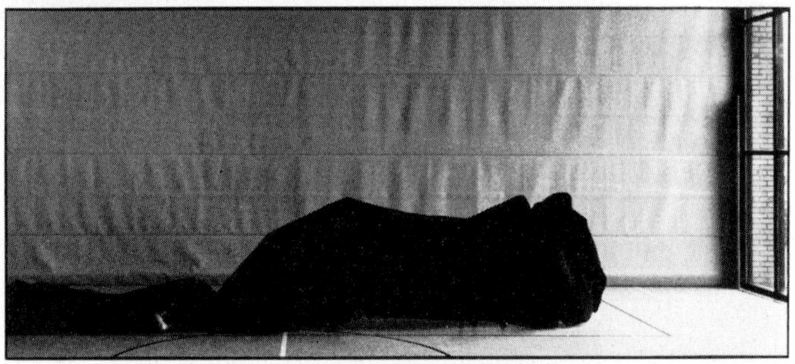

(84a–e) Experimentieren mit Tuchmaterial (Zelt-, Plastikplane); Größe und Gewicht erfordern, daß die Gruppenmitglieder in ihren Bewegungsimpulsen aufeinander eingehen

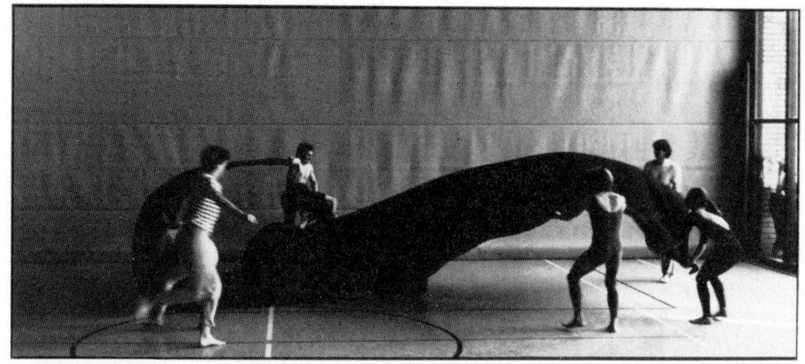

(85a–f) Erkunden der Materialeigenschaften und Verwendungsmöglichkeiten einer Styroporkiste im Zusammenspiel mit einem Partner

Was versteht man unter „handgerätspezifischen Techniken“?

Mit „handgerätspezifischen Techniken“ werden Verwendungsformen und -maßstäbe für Objekte bezeichnet, die sich sowohl an den Eigenarten der Objekte orientieren als auch durch Normsetzungen verschiedener Gymnastikrichtungen, vor allem der Rhythmischen Sportgymnastik, beeinflußt sind. Die handgerätspezifischen Techniken schreiben bestimmte Griff-, Halte- und Handhabungsarten für einen festgelegten Handgeräte-Kanon vor (Ball, Seil, Reifen, Keulen, Band usw.). Dabei dient die klare Umschreibung und Normierung der Verwendungsformen von Objekten vor allem innerhalb der Rhythmischen Sportgymnastik dem Ziel des Leistungsvergleichs. Das schließt allerdings nicht aus, daß auch mit den im Wettkampf gebräuchlichen Handgeräten bisher unbekannte oder unbenutzte Verwendungsmöglichkeiten erprobt und in Bewegungsgestaltungen verarbeitet werden.
Im folgenden werden die Griff- und Haltearten einiger als Beispiel ausgewählter Handgeräte (Ball, Seil, Reifen, Band) beschrieben und die wesentlichsten handgerätspezifischen Techniken (anhand von Bildmaterial) erläutert.

Welche gemeinsamen Merkmale kennzeichnen die spezifischen Techniken der verschiedenen Handgeräte?

Gemeinsame, für die Bewegung mit den verschiedenen Handgeräten typische Merkmale sind:

1. Ausführungskriterien: Jede Bewegung mit (und auch ohne) Handgerät soll – ansetzend in der Körpermitte – den gesamten Körper durchlaufen, wobei sich der Bewegungsimpuls vom Körper auf das Handgerät überträgt (und die Bewegung des Geräts auch umgekehrt wieder auf die Körperbewegung zurückwirkt). Elastische, geschmeidige und intensive Beuge- und Streckbewegungen in den verschiedenen Gelenken des Körpers in differenziertem Krafteinsatz tragen zu einer flüssigen Koordination von Körper- und Gerätbewegung und zur Erzielung einer optimalen Bewegungsamplitude bei. Z. B. muß das Ausmaß von Arm- und Gerätbewegungen der Weite von Lauf- und Sprungbewegungen angepaßt sein; oder die Aushol-(Auftakt-)Bewegung der Arme muß verstärkt erfolgen, um die Trägheit eines in Ruhe befindlichen Geräts (Seils, Bands) zu überwinden und die jeweils erforderliche Gerätgeschwindigkeit zu erzeugen. Damit wird auch die enge Beziehung von Bewegungsdynamik, -amplitude und Schnelligkeit deutlich. Leichtigkeit, Schnelligkeit, Dynamik und Fluß von Körper- und Gerätbewegungen sind wichtige Ausführungs- und somit auch Bewertungskriterien – Bewegungsfluß vor allem bei Gerätwechseln von einer Hand in die andere (ein Gerät soll mit der rechten und der linken Hand gleich gut gehandhabt werden), beim Übergang von einem Bewegungselement zu einem anderen und beim Wechsel (aber auch beim klaren Einhalten) von Bewegungsrichtungen und -ebenen.

2. Fehler: Als Fehler beim Umgang mit Handgeräten gelten die Berührung von Körperteilen (außer den greifenden), bei Seil und Band und beim Reifen z. T. auch Bodenberührungen, der Verlust eines Geräts sowie gebeugte statt gestreckter Arme beim Abwurf eines Handgeräts.

3. Halte- und Griffarten: Die Bestimmung einer Halte- bzw. Griffart bezieht sich – da sich die Halte- und Griffarten während eines Bewegungsablaufs ständig ändern – jeweils auf die Ausgangs- bzw. Endhalte einer Bewegungsform. Alle Halte- und Griffarten können ein- und teilweise beidhändig ausgeführt und auch miteinander kombiniert werden. Von Haltearten spricht man beim Ball, von Griffarten bei Reifen und Stab, eingeschränkt auch bei Band, Keulen und Seil.
Eine Sonderform der Halte ist das Balancieren, wobei der Ball auf dem Handrist geführt wird.
Bei allen Halten muß sich die Hand der Form des Balls anpassen, d. h., der Ball darf nicht mit einer greifenden Bewegung der Finger gehalten oder bewegt werden. Dies ist in der Gymnastik eine gerättypische, von den Griffarten bei anderen

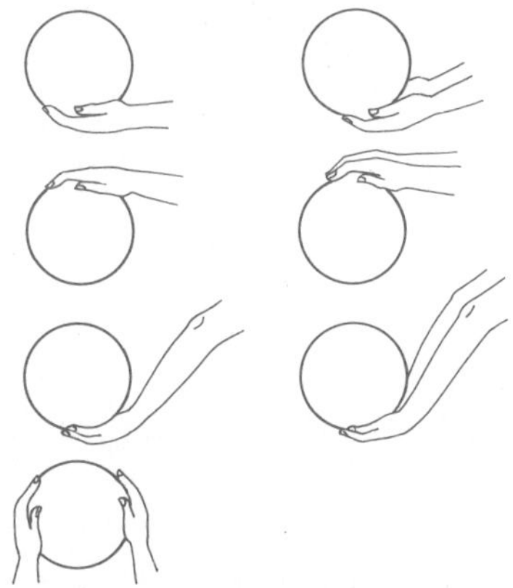

(86) Haltearten

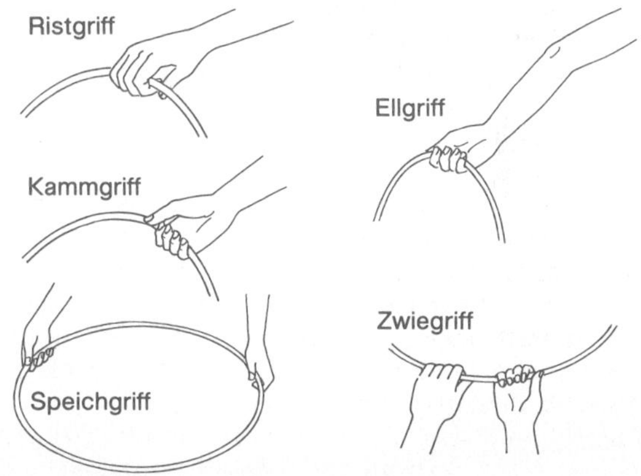

(87) Griffarten

Handgeräten und der Ballbehandlung in anderen Sportarten abweichende Regel.
Bei den Griffarten werden bei beidhändiger Fassung Ristgriff und Kammgriff je nach Handabstand auch als enger oder weiter Schlußgriff ausgeführt. Der Innengriff findet nur beim Reifen Verwendung.
4. Bewegungselemente: Im folgenden werden die Bewegungselemente beschrieben, die mit jedem bzw. mehreren der genannten Handgeräte ausführbar sind.
Alle Bewegungselemente können räumlich, zeitlich, dynamisch etc. variiert (vgl. Kap. III „Gestaltungs- und Ausführungskriterien“, S. 170), miteinander kombiniert und mit verschiedenen Fortbewegungsarten und Bewegungsformen verbunden werden.
Werfen und Fangen (alle Handgeräte, s. Abb. 88): Beim Werfen und Fangen muß der ganze Körper beteiligt sein, damit die Flugbahn bzw. die Bewegung des Geräts nicht abrupt unterbrochen wird. Man unterscheidet Hochwürfe (Würfe mit fast geradliniger Flugbahn) von Bogenwürfen (Würfe mit ausgeprägter Flugparabel). Das Abwerfen kann aus unterschiedlichen Halten, einem Anschwung, einem Schwung (Kreis- oder Achterschwung) oder aus dem Handumkreisen (vgl. Reifen) erfolgen.
Werfen und auch Fangen sind ein- oder beidhändig, jeweils mit derselben oder mit unterschiedlicher Halte- bzw. Griffart möglich. Der Abwurf erfolgt meistens aus gestreckter Armhaltung, wobei Wurfimpuls und daraus resultierend Wurfhöhe und -weite jeweils der Fangsicherheit angepaßt werden.
Schwingen (alle Handgeräte): Beim Schwingen (Pendel-, Kreis-, Achterschwünge) verläßt das Gerät nicht die Hand. Andernfalls handelt es sich bereits um einen Wurf, der allerdings häufig durch eine Schwungbewegung eingeleitet wird. Schwünge mit Handgeräten sollen eine große Bewegungsamplitude aufweisen und erfordern daher eine starke Rumpfbeteiligung. Die verschiedenen Bewegungsebenen sollen deutlich sichtbar sein und klar eingehalten werden. Die Griff-Ver-

(88a–f) Würfe mit verschiedenen Handgeräten

(89a–f) Seilkreisen mit und ohne Durchschlag (a–c); (Achter-) Kreisen mit Band (d, e); Schwung mit Keulen (f)

bindung zum Gerät (beim Reifen und Ball auch noch deren geringes Gewicht) verführen leicht dazu, das Gerät zu führen, statt der Schwerkraft in der Fallbewegung (im ersten Teil der Schwungbewegung) locker nachzugeben.

Führen (alle Handgeräte): Alle Bewegungen, die schwingend ausgeführt werden können, sind auch als geführte Bewegungen möglich. Dabei ändert sich gegenüber dem Schwingen der zeitliche Verlauf der Bewegung und der Energieeinsatz, während der räumliche Verlauf ähnlich oder gleich bleibt (aus Achterschwüngen werden z. B. Achterkreise). Bei einer geführten Bewegung hat der gerätführende Arm während des gesamten Bewegungsablaufs fast gleichbleibende Geschwindigkeit (vgl. auch Bewegungsbeschreibung „Schwünge“ S. 71).

Rollen (Ball, Reifen, Stab): Rollen ist eine Rotationsbewegung um Dreh-Achsen zwischen Gerät und Unterstützungsfläche, verbunden mit Fortbewegung (Translation), wobei die verschiedenen Achsen innerhalb des Geräts ihre Lage im

(90) Geführte Bewegung mit dem Ball

Raum verändern. Die Unterstützungsfläche für die Rollbewegung eines Geräts kann der Boden, aber auch ein Teil des Körpers sein.

Das Rollen auf dem Boden wird durch eine schwunghafte Hand-/Armbewegung und beim Ball und Stab durch ein Sen-

(Abb. 91 a–c) Rollen des Geräts auf dem Körper

ken des gesamten Körpers eingeleitet, damit das Gerät möglichst weich und ohne zu springen (Ball, Stab) bzw. senkrecht, ohne Flatterbewegungen (Reifen) auf dem Boden aufsetzt und geradlinig rollt.
Das Gerät kann mit verschiedenen Halte- bzw. Griffarten wieder aufgenommen werden.
Bildet der Körper die Unterstützungsfläche, wird eine erhöhte Anpassung an die Labilität des Geräts erforderlich, um ein Wegrollen aus der beabsichtigten Bewegungsrichtung zu verhindern.
Drehen (Ball, Reifen, Keule, Stab): Beim Drehen rotiert ein Gerät um seine verschiedenen Achsen und hat im Unterschied zum Rollen keinen Bodenkontakt mehr.
Eine Ausnahme bildet das Zwirbeln (Ball, Reifen), eine kreiselähnliche Drehbewegung des Geräts auf dem Boden, angetrieben durch kleine Hand-/Fingerbewegungen. Zwirbeln erfolgt am Ort, Drehen eines Geräts bzw. „Schwenken" (= Drehen eines Reifens um seine Vertikalachse ohne Bodenkontakt, gehalten oder im Flug) kann auch mit Ortsveränderungen (Lageveränderungen der Drehachsen in bezug zu Körper und Raum) verbunden sein.

Welche Merkmale sind gerättypisch für Ball, Seil, Reifen und Band?

Im folgenden werden gerätspezifische Besonderheiten hinsichtlich Handhabung und/oder Bewegungselementen aufgeführt.
Bewegungselemente mit Ball: Die Bewegungselemente mit Ball kann man einteilen in solche, bei denen der Ball die Hand/Hände verläßt (werfen – fangen, prellen, rollen) und in solche, bei denen Ball und Hand/Hände in ständigem Berührungskontakt bleiben (schwingen, führen, z. T. auch drehen). Ein ball-spezifisches Bewegungselement ist das *Prellen.* Hier soll sich der Körper ebenso der Gerätbewegung anpassen: Die Hand beschleunigt den Ball durch Druck und geht in die geplante Bewegungsrichtung mit. Beim Annehmen paßt sie sich der Aufwärtsbewegung des Balles an (weiche Ballannahme).
Handhabung des Seils: Das Seil kann mit beiden Händen oder nur mit einer Hand, an beiden Enden oder nur an einem mit Daumen und Zeigefinger gefaßt (wobei die übrigen Finger eine lockere Faust bilden), in seiner ganzen Länge oder auch doppelt bzw. vierfach zusammengelegt (hier in gespannter Form) verwendet werden. Die Umdrehung des Seils erfolgt je nach Bewegungstempo und -weite aus
– den Schultergelenken, wobei die Arme fast gestreckt sind (bei langsamerem Tempo und großer Bewegungsamplitude)
– einer Rotationsbewegung der Unterarme mit gebeugten Armen (bei schnellem Tempo)
– einer Drehbewegung der Handgelenke (bei sehr schnellem Tempo).
Die Seilmitte darf – vor allem bei Bewegungselementen mit Seildurchschlag – nicht „schlenkern", sondern muß fortwährend in einem „Spannungsbogen" gehalten werden. Bei einigen wenigen Bewegungselementen, z. B. beim Einwickeln des Körpers, besteht eine Ausnahme von der Regel, daß das Seil den Körper (und Boden) nicht berühren darf (92).

(92) Um-, Einwickeln des Körpers mit Seil

Handhabung des Reifens: Ein wesentliches Merkmal der Bewegungstechnik mit dem Reifen ist die klare Einhaltung von Raumebenen innerhalb eines Bewegungsablaufs.
Die verschiedenen Ebenen (Sagittale, Frontale, Horizontale etc.) müssen in den Lagen bzw. Bewegungsrichtungen des Geräts und in seiner Beziehung und Stellung zum Körper deutlich erkennbar sein (93 a).

Bewegungselemente mit Reifen: Ähnlich wie beim Ball unterscheidet man bei der Bewegung mit einem Reifen Elemente, bei denen der Reifen die Hand (Hände) verläßt (werfen – fangen, rollen, Körperumkreisen) von solchen, bei denen der Reifen mit der Hand (den Händen) in Berührung bleibt (drehen – ausgenommen gedrehte Würfe –, Handumkreisen, schwingen, führen, springen mit Durchschlag).
Handumkreisen: Hierbei rotiert der Reifen schwunghaft auf seiner Innenkante um die geöffnete Hand (Daumen dabei abgespreizt). Kreisen um den Unterarm ist nicht erlaubt.
Körperumkreisen: Das Körperumkreisen – die einzige Form, bei der der Reifen den Körper berühren darf – ist die als Kinderspiel bekannte Hula-Hupp-Bewegung. Es wird durch einen Impuls in Drehrichtung oder auftaktig mit einem Impuls entgegengesetzt zur Drehrichtung eingeleitet, wobei der Reifen in der Ausgangslage mit der Innenkante am Körper (Hals oder verschiedenen Rumpfteilen) anliegen muß.
Springen mit Durchschlag: Dieses Bewegungselement ist mit dem Seilspringen vergleichbar. Reifendurchschläge können als Schwung- oder Kreisdurchschläge (jeweils mit großer Bewegungsamplitude) ausgeführt werden. Der Griff (ein- oder beidhändig) muß so locker sein, daß die kreisende Reifenbewegung nicht behindert wird und der Reifen dennoch eine Führung hat (93 b).

(93a–b) Reifen als Stützpunkt bei Beinschwung (a); Springen mit Durchschlag (b)

Handhabung des Bandes: Das Band muß während der Ausführung der verschiedenen Bewegungsformen immer eine exakte Linienführung aufweisen. Jede begonnene bandspezifische Form muß auch das Bandende durchlaufen, das heißt, das gesamte Band ist stets ununterbrochen in Bewegung. Je nach beabsichtigter Bewegungsamplitude erfordern großräumige Bewegungen einen intensiveren Rumpf- und Beineinsatz, kleinräumige dagegen eine differenziertere Hand-/Unterarmtätigkeit, oft verbunden mit hoher Geschwindigkeit. Der Stock soll – angepaßt an die jeweilige Bewegung – tendenziell in Verlängerung des Armes gehalten werden.
Als spezifische Fehler gelten: Knallen des Bandes, Knotenbildung, Umwickeln des Körpers, ungenügend ausgeprägte Linienzeichnung.

Bewegungselemente mit Band: *Schlangen* (Vertikal- und Horizontalschlangen): Die Erzeugung von Schlangenlinien mit dem Band durch Hin- und Herbewegung des Stockes in der Sagittal- oder Horizontalebene verbunden mit Translation (Fortbewegung ohne Rotation) setzt gute Beweglichkeit im

(94a–c) Schlangen (a) und Spiralen (b–c) mit Band

Handgelenk voraus. Dabei sollen die entstehenden Windungen etwa gleich groß sein (94a).
Spiralen: Spiralen sind kreisförmige Bandwindungen mit etwa gleichem Durchmesser, wobei der Stock fortlaufend rotieren und sich gleichzeitig ohne oder mit Einsatz des gesamten Körpers (d. h. im Stand oder z. B. in Verbindung mit Rückwärts-Laufen) translatorisch fortbewegen soll (94b, c).

In welcher Weise können Objekte und Materialien über die bereits genannten Bewegungselemente mit Handgeräten hinaus noch in die Körperbewegung einbezogen werden?

Im folgenden sollen Verwendungs- und Einsatzmöglichkeiten für Objekte/Materialien aufgezeigt werden, die in der beschriebenen Form oder in Abwandlungen auch jeweils auf andere, hier nicht genannte Objekte übertragen werden können. Bei einer solchen Übertragung lassen sich unter Umständen noch neue Entdeckungen in Hinblick auf Einsatzmöglichkeiten machen. Die einzelnen Bewegungsaufgaben und Bildreihen sollen dazu anregen,
– verschiedene (weitere) Bewegungsformen mit dem gleichen oder einem anderen Objekt zu suchen/zu finden
– Bewegungsfertigkeiten („objekt-/gerätspezifische Techniken“) zu erarbeiten/zu verbessern
– Bewegungsabläufe mit Objekten zu gestalten (als Improvisation und/oder als Komposition).
Objekte (Handgeräte/Materialien) können in die Bewegung einbezogen werden, indem gefundene oder gegebene (Fort-)Bewegungsformen mit Objekten räumlich, zeitlich und dynamisch variiert werden (räumliche, zeitliche und dynamische Variationsmöglichkeiten, vgl. S. 68, 170) oder indem vielfältige Handhabungsmöglichkeiten angewendet werden, z. B.:
– einen Fahrradschlauch mit Händen, Füßen, Nacken, Rumpf ziehen (95)

(95a–f) Einen Fahrradschlauch mit Händen, Füßen, Nacken, Rumpf ziehen. Welche Muskelgruppen werden dabei gedehnt bzw. gekräftigt?

– einen Stab mit Händen oder Füßen, an beiden bzw. nur an einem Stabende, in der Stabmitte fassen/berühren
– einen Stab mit anderen Körperteilen (z. B. Ellbogenbeuge, Achselhöhle, Kniekehle etc.) fassen/umklammern, auch in Verbindung mit Partner: A mit Händen, B mit Kniekehle oder anderen Körperteilen
– einen Stab in verschiedenen Sitzformen (gebeugte/gestreckte Beine; gerundete/gestreckte Wirbelsäule; mit den Zehen/Füßen) rollen, schieben, greifen und vom Boden abheben, auf eine Spitze stellen
– einen an beiden Enden gefaßten Stab mit größtmöglicher Bewegungsweite durch Vor-, Rück- und Seitrumpfbeugen vor dem Körper und über dem Kopf auf der Horizontalebene bzw. an der linken und rechten Körperseite in der Vertikalebene (Sagittale oder Frontale) drehen
– einen Stab auf seiner Spitze, in seiner Mitte mit verschiedenen Körperteilen balancieren (Händen, Fingern, Armen, Kopf, Füßen usw.), die balancierenden Körperteile wechseln; dabei verschiedene Höhenstufen einnehmen (vom Stand zur Bodenlage und umgekehrt), den Körper in immer labilere

Gleichgewichtslagen bringen; sich in verschiedenen Höhenstufen fortbewegen und einen balancierten Stab aus verschiedenen Körperlagen und -stellungen an einen Partner übergeben

– einen Stab mit beiden Händen/einer Hand in unterschiedlicher Stabfassung werfen (und fangen), ohne bzw. mit Eigendrehung des Stabes um Längs- oder Querachse während der Flugphase, in unterschiedlicher Dynamik und verschiedenen Tempi, im Austausch mit einem Partner

– aus den genannten Bewegungsformen einen kurzen Solo-Ablauf festlegen, dessen Aufbau durch die Kriterien Bewegungsentwicklung und Intensitätssteigerung gekennzeichnet ist (z. B. eine Entwicklung von flachen zu immer höher und weiter werdenden Würfen). Die Klangmöglichkeiten eines Objekts können in der Bewegung ausgenutzt/eingesetzt werden, z. B.:

– eine Trommel mit Ellbogen, Knie, Fuß etc. schlagen, reiben usw.

– verschiedene Geräuschmöglichkeiten (reiben, wischen, hin- und herschurren, schlagen etc.), und Differenzierungen von Klangeigenschaften (z. B. Lautstärken) erproben, die man mit dem Stab auf, an und entlang von Boden und Wänden erzeugen kann

– die Klanggebungsmöglichkeiten eines Stabes zur Begleitung eines eigenen oder fremden Bewegungsablaufs einsetzen; z. B. mit einem Partner rhythmische Motive entwickeln, wobei Partner A ein rhythmisches Motiv erfindet, das Partner B in einen Bewegungsablauf mit Stab umsetzt; danach Rollenwechsel.

Form und „Charakter“ eines Objektes können parallel und/ oder kontrastierend in/auf die Körperbewegung übertragen werden, z. B.:

– mit einem Springseil oder Tau kurvige Raumlinien am Boden erzeugen, die entstandenen Linien in Körperhaltung/-bewegung übertragen

– die runde Hohlform eines Reifens parallel in Körperhaltung und -bewegungen sichtbar machen

– die Geradlinigkeit, Starre, Härte des Stabes parallel in Bewegungs- und Raumformen übertragen: durch partielle oder totale Anspannung der Körpermuskulatur (Teil- und Ganzkörperzusammenschluß, -streckung), durch harte, eckige, gebrochene Bewegungen, geradlinige Raumwege, in Verbindung mit Gewichtsverlagerungen am Ort (Schwanken) und in Fortbewegung

– sich durch, über ein, mit einem einzelnen Teil eines Sprungkastens bewegen, indem Starre und Geradlinigkeit des Kastens durch weiche, sich anschmiegende, runde Bewegungen kontrastiert werden

– einen Stab als parallel oder quer zu den Körperachsen verlaufende, fixierte oder mitbewegte Rotationsachse benutzen; z. B. sich in kurvigen Linien um einen senkrecht gestellten Stab als Mittelpunkt fortbewegen unter Einbezug von Drehungen um die eigene Längsachse; um Körperlängs- und -querachse mit parallel mitbewegtem Stab rollen

– einen Stab benutzen als Mittel zur Verdeutlichung von:
vertikalen, horizontalen und diagonalen Raumlinien, letztere mit verschiedenen Neigungswinkeln, unter Einstellung (Anpassung oder Kontrast) der Körperhaltungen und -bewegungen auf die Stabrichtungen (Stabhaltungen/-führungen über, vor, neben, hinter dem Körper oder Körperteilen) (96)
flächigen „Luftsegmenten“ in Frontal-, Sagittal-, Horizontal- und diagonalen Zwischenebenen (97)
dreidimensionalen „Luftsegmenten“, die als „Raumkörper“ quader-, kegel-, zylinderförmig usw. „aus der Luft herausgeschnitten“ werden, wobei der Körper die Stabbewegungen parallel oder kontrastierend mit- oder nachvollziehen kann.

Es kann mit Partner oder in Kleingruppen gearbeitet werden (wobei die Anzahl der eingesetzten Objekte und Personen gleich oder ungleich sein kann), z. B.:

– einen Partner ziehen/schieben/drücken/heben: A zieht

(schiebt, drückt, hebt) B mittels Stab von einem Ausgangsplatz weg, mit unterschiedlich starken Impulsen oder in gleichmäßiger Intensität, in verschiedenen Höhenstufen, z. B. den Partner mittels Stab von der Bodenlage zum Stand (oder zum passiven Liegen/„Hängen“ auf dem eigenen Körper) bringen; Rollentausch (98, 99)
– in Kleingruppen verschiedene Möglichkeiten des Dehnens und Rollens mit Zauberschnur finden (100)
– verschiedene Objekte/Handgeräte kombinieren und austauschen (Reifen und Ball; großes Tuch und Stockmaterial; Ballmaterial und Klangerzeuger; Seile und Teile eines Sprungkastens usw.) (101)
– einen von einem Partner vorgegebenen Bewegungsablauf mit einem Objekt imitieren und ergänzen/imitieren und kontrastieren
– einen von einem Partner vorgegebenen Bewegungsablauf mit einem anderen als dem ursprünglich benutzten Objekt ausführen.

(96a–d) Stab als Mittel zur Verdeutlichung von vertikalen, horizontalen und diagonalen Raumlinien bei paralleler bzw. kontrastierender Körperhaltung und -bewegung

(97 a–d) Mit Partner (oder Gruppe) einen gegliederten Ablauf mit einem Stab (mehreren Stäben) entwickeln, der die Kontrast-Aspekte: Spannung – Entspannung, Geradlinigkeit – Rundung, impulsartige – zähflüssige Wechsel (Übergänge) enthält

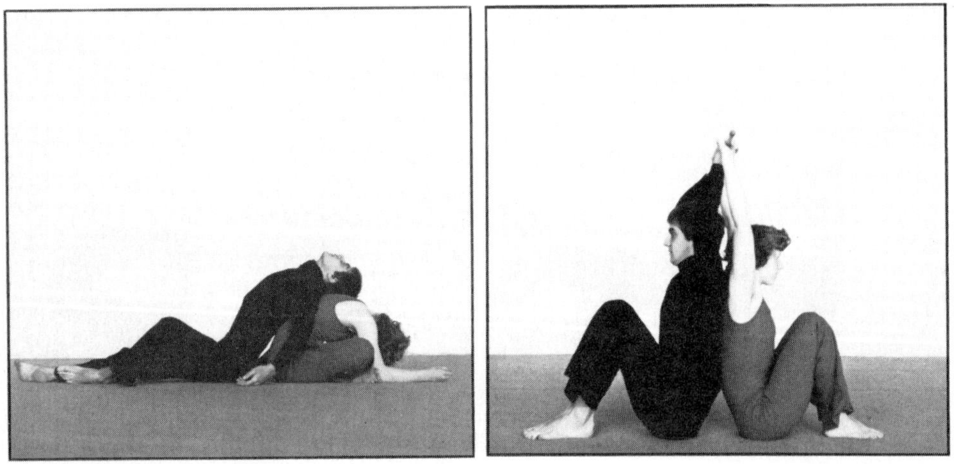

(98a–e) Stab als gemeinsamer Haltepunkt für Druck- und Zugbewegungen in Partnerarbeit

(99a–e) Einen Partner ziehen und rollen mittels Stab

(100) Dehnen mit Zauberschnüren

(101) Kombination verschiedener Materialien/Objekte

Wodurch können Verwendungsformen für Objekte und Materialien im Bereich Tanz bestimmt sein?

Im Tanz sind mögliche Verwendungsformen für Objekte und Materialien weniger durch Normsetzungen aus Tanzstilrichtungen beeinflußt und allgemeingültig festgelegt als vielmehr durch formale und/oder auf Ausdruck und Verständigung (Kommunikation) abzielende Gestaltungsabsichten der jeweiligen Akteure bestimmt: Konkrete Bewegungsideen und Inhalte können Partnern oder Zuschauern über die „Zwiesprache" Körper – Objekt(e) non-verbal mitgeteilt und verdeutlicht, Klangstücke, Worte, Texte können über tänzerische Bewegung, verstärkt durch Zuhilfenahme geeigneter Objekte, interpretiert werden. Die „normalen", gewohnten Funktionen von Objekten werden dabei unter Umständen erweitert oder verfremdet, z. B.:

– eine Schwebebank als einzigen (Raum-)Weg verstehen, der Personen zur (Fort-)Bewegung zur Verfügung steht (104)

– einen kleinen Kasten benutzen als trennendes/bergendes/hinderndes/angsteinflößendes oder vertrautes Objekt

– mit einem Partner mittels Stab in unterschiedlicher Qualität (weich, sanft/aggressiv, s. Abb. 105) in Kontakt treten, worauf der Partner entsprechend reagiert (sich anschmiegend, ausweichend, sich zur Wehr setzend usw.)

– gespannte, ineinander verwobene Zauberschnüre als Spinnnetz verstehen, in das sich eine Fliege verfängt

– Seile als Fessel verwenden, um die Isolierung/Ausstoßung eines Außenseiters aus einer Gruppe sichtbar zu machen (106)

– ein Handtuch benutzen als Schlag-, Wurf-, Zug-Objekt, als kostbare Decke, Putztuch, Fahne, Kleidungsstück (107)

– Plastikplanen als Mattscheiben benutzen, durch die Sichtkontakt möglich ist, aber wirkliche „Berührung" und direkter Austausch verhindert wird

– Bettücher (auch mehrere zu einem großen Tuch zusammengenäht) und große Pappkisten verwenden, um den Gegensatz bzw. Konflikt: „weich, wandlungs-/veränderungsfähig – hart, starr, unbeugsam" sichtbar zu machen

– Stühle als Mittel einsetzen, um das Wort „be-sitzen" durch Bewegung zu verdeutlichen (103 a–f)

– eine Flöte, Trillerpfeife etc. benutzen, um das Sprichwort „Wie die Pfeife, so der Tanz" in einen Bewegungsablauf in einer Kleingruppe umzusetzen

– einen Stab als pantomimisches Objekt (Regenschirm, Spazierstock, Dreschflegel, Degen, Balkongeländer-, Teppichstange usw., s. 102) oder als beliebigen imaginären Gegenstand verwenden (vgl. „Ausgangspunkt: Handlungsidee", Kap. „Handeln im Gymnastik- und Tanzunterricht", S. 141).

(103a–b) Interpretation eines Begriffs durch Bewegung mit, auf, unter Alltagsgegenständen: „be-sitzen"

(102) Stab als pantomimisch verwendetes Objekt

(103c–f) Interpretation eines Begriffs durch Bewegung mit, auf, unter Alltagsgegenständen: „be-sitzen“

(104a–d) Sich und andere fortbewegen über eine/auf einer Schwebebank als „Laufsteg“

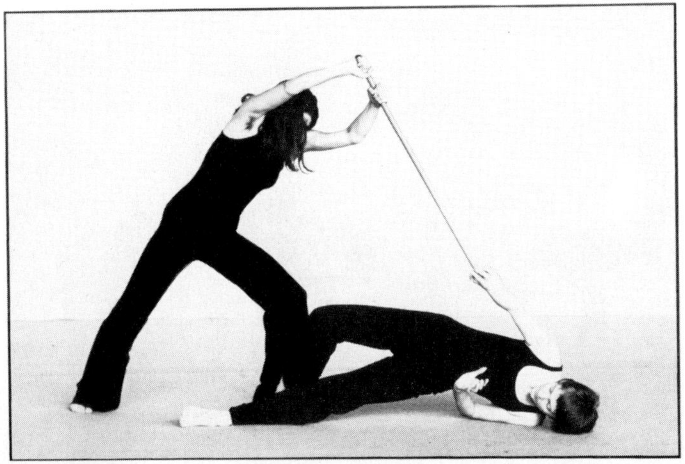

(105a–b) Zug- und Druckbewegungen mittels Stab, um das Thema „Zweikampf" zu realisieren

(106a–b) Seile als Fessel, um Isolierung eines Außenseiters in einer Gruppe sichtbar zu machen

(107a–f) Einbeziehung eines Handtuchs in die Bewegung. Welche Ausdrucksqualitäten werden hier in der Auseinandersetzung mit dem Objekt erkennbar?

4. Musiktheoretische Grundlagen

Inwiefern ist eine Auseinandersetzung mit ausgewählten musikalischen Phänomenen in den Bereichen Gymnastik und Tanz erforderlich?

Klangvorgänge lassen sich in Bewegungsvorgänge umsetzen, ebenso Bewegungsvorgänge in Klangvorgänge. Die Möglichkeit einer Umsetzung liegt darin begründet, daß sowohl Klang- als auch Bewegungsvorgänge teilweise denselben Ordnungs- und Gestaltungskomponenten unterliegen. So sind z. B. Zeit und Dynamik bestimmende Komponenten sowohl der Musik als auch der Bewegung. Nimmt nun jemand durch Bewegung Beziehung zu einem Klangstück auf, so setzt dieses Vorhaben – vor allem, wenn es selbständig bewältigt werden soll – voraus, daß verschiedene Erscheinungsformen einzelner Klangkomponenten erkannt und Ansätze zu deren Umsetzung gefunden werden.

Die Klangkomponenten lassen sich gliedern: in *Eigenschaften von Klängen* (davon sind für Bewegungsvorgänge von Bedeutung: Tondauer, Tonhöhe, Tonstärke, Artikulation und Klangfarbe) und in *Strukturen von Klangereignissen.*

Die genannten Klangeigenschaften sind keine selbständigen, sondern voneinander abhängige musikalische Komponenten, die in jedem Klangbeispiel in unterschiedlicher Gewichtung und Kombination auftreten. Die Komplexität wird dennoch in den nachfolgenden Abschnitten reduziert, d. h., es werden ausgewählte Klangkomponenten einzeln behandelt, um sie dem Übenden deutlicher bewußt und somit erfahrbarer zu machen.

Die Art und Weise der Bezugnahme des sich Bewegenden zur Musik kann verschieden intensiv sein (s. nächste Leitfrage). So mag es im Rahmen einer Konditionsgymnastik oder eines Tanzexercice genügen, lediglich Metrum und Taktart des Klangbeispiels in Bewegung umzusetzen. Stehen bei einer Umsetzung weniger funktionelle als zeit-, dynamik- und formgestaltende Aspekte im Vordergrund, so wird auf auffällige Eigenschaften und Strukturen der gegebenen oder selbst gewählten Klangvorlage entsprechend differenzierter eingegangen werden müssen. Werden den musikalischen Strukturen darüber hinaus autonome Bewegungsstrukturen gegenübergestellt, wie es im Tanz der Fall sein kann, so wird es erforderlich, daß der Betreffende über eine Analyse und Einordnung des Musikstückes hinaus zu einer persönlichen Sichtweise/Interpretation des Stückes gelangt und nach gestalterischen Möglichkeiten sucht, die Höreindrücke sichtbar werden zu lassen.

Auf welche Weise kann Musik in Bewegung umgesetzt werden?

Motorische Aktionen können zu akustischen Vorlagen

1. kongruent, } Gymnastik } Tanz
2. analog,
3. kontrastierend verlaufen oder
4. autonom sein

(1.–2.: Gymnastik; 1.–4.: Tanz)

Bei der *kongruenten Umsetzung* verlaufen die motorischen Aktionen parallel, deckungsgleich zu den Klangereignissen. Solch eine „wörtliche" d. h. Ton-für-Ton-Reproduktion durch Bewegung erhält ihren Sinn vornehmlich in der Bewußtmachung ausgewählter Klangeigenschaften. Das Üben notengetreuer Imitation durch Bewegung kann das Wahrnehmungs- und Unterscheidungsvermögen von z. B. zeitlichen und dynamischen Nuancierungen innerhalb von Klangvorgängen erheblich verbessern.

Bindet sich die kongruente Umsetzung wörtlich an die Klangvorlage, so werden bei der *analogen Umsetzung* nur noch die groben „Konturen" des Klangbeispiels im Bewegungsablauf nachvollzogen; nur noch dasjenige von Klangvorgängen soll in der Bewegung sichtbar werden, was die Klangereignisse charakterisiert, was sie auffällig macht. Das können rhythmische Besonderheiten sein (z. B. Synkopen, Pausen usw.), Auffälligkeiten bezüglich der Artikulation, der Dynamik oder Agogik, der Phrasierung. Bei der analogen Umsetzung unterstehen akustische und motorische Vorgänge gleichgerichteten Tendenzen, ohne kongruent zu sein. Die *kontrastierende Umsetzung* stellt das Prinzip der kongruenten Umsetzung genau auf den Kopf. So werden z. B. keine Sprungbewegungen ausgewählt, wenn die Musik Impulse dazu gibt, sondern vielleicht ziellose Torkelbewegungen und anstelle ruhiger durch die Musik erwartete gedehnte Bewegungsmotive nervöse und hektische Bewegungen. Das kontrastierende Prinzip wird erst dann wirksam, wenn es nicht permanent angewendet wird, sondern in einem Wechselverhältnis zur kongruenten und/ oder analogen Umsetzung steht. Der *bewußte* Einsatz dieses Prinzips kann verhindern, daß der Kontrast nicht als zusammenhangloses Nebeneinander verstanden wird, sondern vielleicht als ein Nicht-einverstanden-Sein mit dem „Partner" Musik, als Lust, nicht immer gleich ja zu sagen, als ein Hinhaltenwollen, um schließlich eins zu werden.

Hat der Tanz der Musik gegenüber eine autonome Position, dann laufen akustische und motorische Aktionen unabhängig, (d. h. nicht beziehungslos) voneinander ab. Hier werden gegen die Musik Gegengewichte, eigene „Kontrapunkte" gesetzt, wodurch ein Verhältnis entsteht, in dem sich Bewegung und Musik mal decken, mal stören, mal sich verschieben, durchdringen und wieder lösen.

In dieser – von allen oben genannten – freiesten Beziehung zur Musik kann der Tanzende nach Belieben eine enge oder weite Bindung zur Klangvorlage aufbauen, sich ihr unter- oder überordnen, schlechthin alle verfügbaren Register ziehen, die seine Mitteilungs- und Ausdrucksintentionen deutlich werden lassen.

In welche Aspekte lassen sich Tondauern gliedern?

Die Dauer von Tönen/Klängen/Abläufen kann verschiedenen zeitlichen Ordnungsprinzipien unterliegen.

1. Sie kann sich auf zeitliche Maßeinheiten beziehen. Unter diesem Ordnungsprinzip ergeben sich die Aspekte Metrum, Takt und metrischer (metrum- oder taktgebundener) Rhythmus.

Notenwerte:	Pausenwerte:
𝅘𝅥𝅯 – Sechzehntelnote	𝄿 – Sechzehntelpause
𝅘𝅥𝅮 – Achtelnote	𝄾 – Achtelpause
♩ – Viertelnote	𝄽 – Viertelpause
𝅗𝅥 – halbe Note	𝄼 – halbe Pause
𝅝 – ganze Note	𝄻 – ganze Pause

Das Metrum kennzeichnet einen Grundschlag, dessen Schlageinheiten in zeitlich gleichmäßigen Abständen (vgl. „Metronom") und gleichmäßigem Stärkegrad erscheinen.

Verändern sich die zeitlichen Abstände der Grundschläge, so verändert sich *das Tempo,* ein weiterer Aspekt von Tondauer. Agogische Verläufe (agogisch = das Tempo betreffend) können konstant oder veränderlich sein, letzteres in kontinuierlich beschleunigender Form (accelerando) oder kontinuierlich verlangsamender Form (ritardando). Ein ständiges Hin- und Herschwanken zwischen antreibendem und verzögerndem Tempo wird als Tempo rubato bezeichnet.

Der Takt ordnet die Grundschläge, indem er sie zu Gruppen von zwei, drei oder mehr Einheiten (Taktteilen oder Zählzeiten) zusammenfaßt; er hat somit eine formale Funktion. Bei der Aneinanderreihung mehrerer Gruppen von Einheiten kehren bestimmte Betonungen in regelmäßigen (beim gleichbleibenden Takt) oder unregelmäßigen (bei Taktwechseln) Abständen wieder.

Die betonten Taktteile erscheinen als „schwere“, die unbetonten als „leichte“ Zählzeiten. Ordnet der Takt betonte und unbetonte Zählzeiten, so ordnet *der metrische Rhythmus* verschieden lange und kurze Noten- und Pausenwerte innerhalb beliebiger Taktschemata.
Gibt die Taktangabe Aufschluß über bestimmte Zählzeitgruppierungen, so kann die rhythmische Aufteilung (Rhythmisierung) ein und desselben Taktschemas (z. B. 3/4) grundverschieden sein:

Der Takt fungiert lediglich als Formfaktor, der Rhythmus hingegen füllt Takteinheiten mit qualitativ unterschiedlichen Inhalten.
2. Die Dauer von Tönen/Klängen/Abläufen kann taktungebunden sein, d. h., die Zeitschwerpunkte kehren nicht in periodischer Form wieder. Bei diesem Prinzip der zeitlichen Ordnung von Ton-/Klangdauern spricht man von ametrischen oder auch aperiodischen Rhythmen.
Ametrische Rhythmen (vgl. S. 113) sind weder an zeitliche Maßeinheiten (Taktschwerpunkte) gebunden noch auf sie zurückführbar.

In welche Gruppen lassen sich die Taktarten einteilen?

Man unterscheidet die Gruppe der *einfachen*, d. h. nicht teilbaren Taktarten, und die Gruppe der *zusammengesetzten*, d. h. ausgliederbaren *Taktarten*. Die sog. einfachen Taktarten werden vertreten durch den geraden „Zweier“ (2/8, 2/4, 2/2) und durch den ungeraden „Dreier“ (3/8, 3/4, 3/2); alle übrigen Taktarten entstehen durch Zusammensetzung der einfachen Taktarten.
In den *einfachen Taktarten* wird ausschließlich die erste Zählzeit betont. Nach der (den) darauffolgenden, unbetonten Zählzeit(en) wird der Takt durch einen Taktstrich abgeschlossen, z. B.:

Metrum

2/4 – Takt

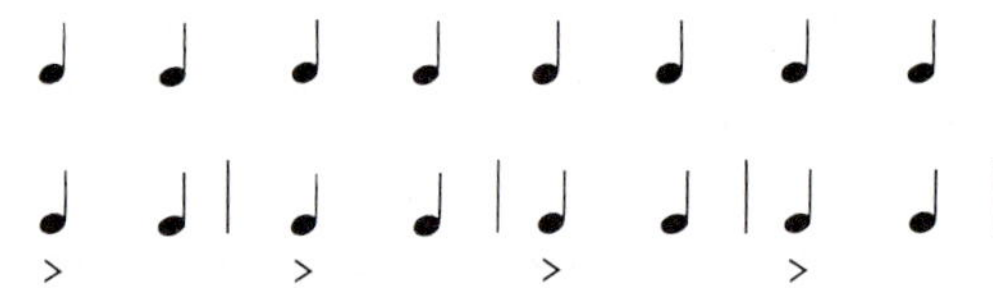

Bei allen *zusammengesetzten Taktarten* liegen wiederum die Hauptbetonungen jeweils auf der 1. Zählzeit (d. h. nach dem Taktstrich). Zusätzlich liegt jeweils eine Nebenbetonung auf der Zählzeit, die bei nichtzusammengesetzter Form als neue, betonte 1. Zählzeit erscheinen würde.

Beispiele:

Zusammensetzung des geraden „Zweiers“ (4/8, 4/4, 2/4)

Zusammensetzung von 2 + 2

Zusammensetzung des ungeraden „Dreiers“ (6/8, 9/8, 12/8)

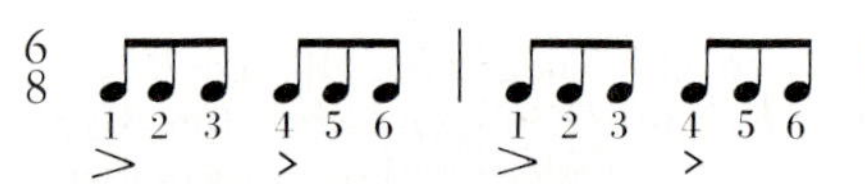

Zusammensetzung von 3 + 3

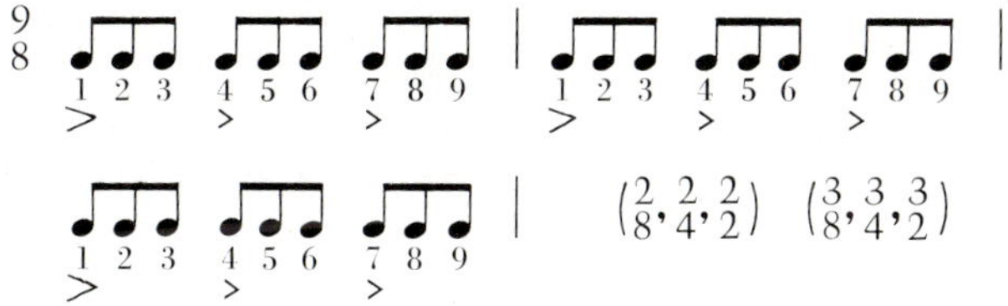

Zusammensetzung von 3 + 3 + 3

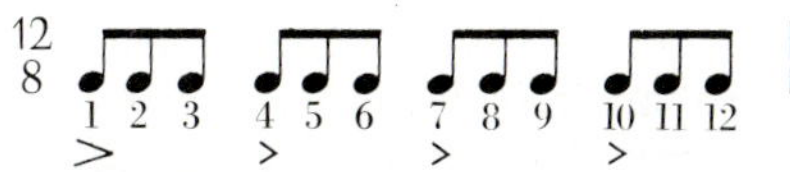

Zusammensetzung von 3 + 3 + 3 + 3

Zusammensetzungen von geraden und ungeraden Takteinheiten ergeben ungleichgliedrige Taktarten wie 5/4-, 5/8- und 7/4-, 7/8-Takt. Das Prinzip der Nebenbetonungen wird auch hier beibehalten.

Zusammensetzung von 2 + 3 oder

Zusammensetzung von 3 + 2

Zusammensetzung von 3 + 2 + 2 oder

Zusammensetzung von 2 + 2 + 3

Wie lassen sich Taktarten bestimmen, und wie können Fehler bei der Taktbestimmung vermieden werden?

Zur Bestimmung von Taktarten

Der sicherste Weg beim Vorgang der Taktanalyse führt über das Metrum, das zunächst im Falle eines gegebenen Hörbeispiels gefunden werden muß.

Die „Lösungen“ des gefundenen Metrums können durchaus verschieden sein. Wählt A ein doppelt so schnelles (oder langsames) Metrum wie B, so wird A am Ende des Hörbeispiels eine doppelt so hohe (doppelt reduzierte) Grundschlaganzahl herausgehört haben.

Ist das Metrum erfaßt, versucht man, die schweren Taktzeiten bzw. Hauptbetonungen herauszuhören und die unbetonten bzw. nebenbetonten Taktteile bis zur nächsten Hauptbetonung durchzuzählen. Setzt man bei jeder Hauptbetonung die Zählzeit 1, so ergibt sich aus der dazwischenliegenden Zahlenreihe automatisch die Taktangabe. Dabei ist das Erkennen des geraden oder ungeraden Taktes das Wesentliche; sekundär ist die Frage nach Achtel- oder Vierteltakten. Dies ist eher eine Sache des Ausgangstempos, bzw. der Notierung. Erscheint das Hörbeispiel zur Festlegung des Metrums anfänglich zu kompliziert, so ist es ratsam, eine Passage abzuwarten, in der Rhythmus und Takt mehr oder weniger parallellaufen, um somit das Heraushören des Grundschlages zu erleichtern.

Der (wenn auch sichere) Umweg über das Metrum zur Taktartbestimmung ist zu umgehen durch das direkte Erfassen (sowohl hörend als auch durch hörbaren Nachvollzug) der typischen Bewegungscharakteristika des schwingend wirkenden ungeraden und des eher statisch wirkenden geraden Taktes.

Zur Vermeidung von Fehlern

Bei der Taktartbestimmung darf man sich nicht vom Rhythmus des betreffenden Beispiels beeinflussen lassen, d. h. dessen verschiedene Längen und Kürzen als Grundschlag annehmen.

Beispiel für eine *falsche* Zählweise:

Dieses ²⁄₄-Takt-Beispiel würde dann fälschlicherweise als Dreivierteltakt bezeichnet.
Pausen dürfen als wichtige rhythmusbildende Komponente nicht überhört, d. h. beim Grundschlagzählen nicht ausgelassen werden.
Beispiel für eine *falsche* Zählweise:

Dieses ³⁄₄-Takt-Beispiel würde irrtümlicherweise einer zweiteiligen Taktart zugeordnet, wobei wahrscheinlich erst im 4. Takt einiges Unbehagen auftreten würde.

Woran erkennt man die Auftaktig- bzw. die Volltaktigkeit eines metrisch gegliederten Beispiels, und wie läßt sich das Auftaktgeben üben?

Eine *Auftaktigkeit* liegt vor, wenn eine oder mehrere leichte, bei einem längeren Auftakt auch nebenbetonte Zählzeiten der anfänglichen Hauptbetonung vorausgehen, so daß ein unvollständiger Takt entsteht. Zu nachstehendem rhythmischem Beispiel wären z. B. folgende Auftakte denkbar:

a)

b)

c)

d)

Ein *volltaktiges Beispiel* beginnt auf der 1. Zählzeit.

Hinweise zum Üben des Auftaktgebens

Partnerabhängiges Verfahren: A schlägt/trommelt/klatscht ein beliebiges, kurzes Volltaktbeispiel in regelmäßiger Wiederholung. B fügt mit einem andersartigen Klangerzeuger mögliche Auftakte hinzu.
Partnerunabhängiges Verfahren: Man bespielt ein Tonband mit einer längeren Serie tempomäßig stark variierender, volltaktiger Zwei- bis Viertakter, z. B. mit Klangstäben. Diese Beispiele sollen so geartet sein, daß lediglich die Anfänge eines neuen Taktes mit Tönen, der Rest mit Pausen versehen wird. Beim Abhören des Bandes lassen sich dann die „Klanglücken" mit beliebigen Auftakten füllen. Auch hierbei sollte jedes Beispiel mehrmals wiederholt werden, um die Taktvorstellung beim Hörenden zu bekräftigen und um eine größere Anzahl von Auftaktvarianten zu ermöglichen.

Mäßig

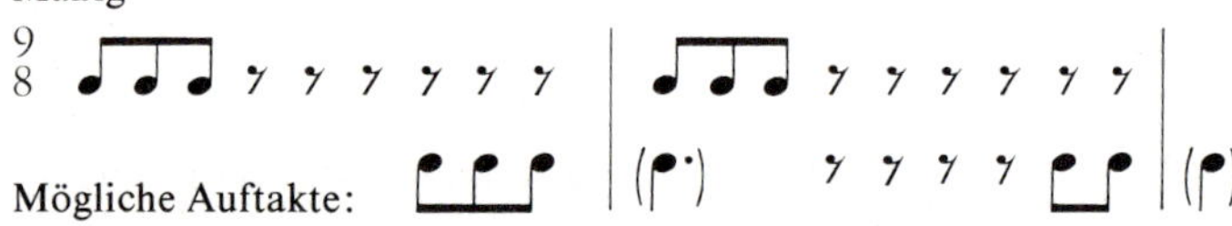

Schnell

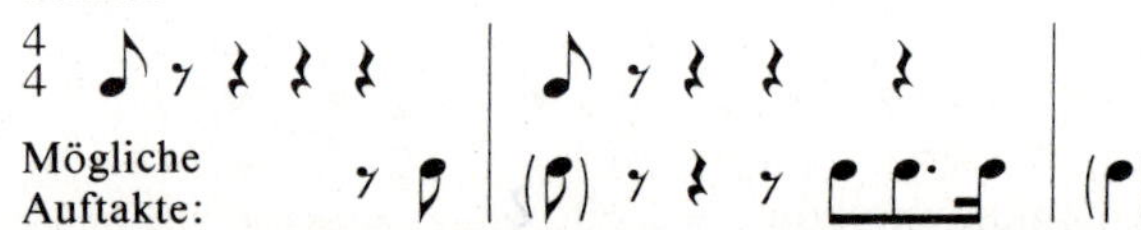

Bei welchen Aufgabenstellungen ist es wichtig, unterschiedliche Taktgefüge innerhalb von taktgebundenen Klangbeispielen zu erkennen?

Der Takt muß erkannt werden:
- bei der Umsetzung von schweren und leichten Betonungen eines vorgegebenen Taktbeispiels in Bewegung
- bei dem Versuch, einer gegebenen Taktzahl einen Rhythmus zu unterlegen, d. h. zu rhythmisieren (vgl. S. 111, instrumental oder durch Bewegung)
- bei unterschiedlichen Einsätzen verschiedener Gruppenteilnehmer innerhalb einer taktgebundenen Bewegungsfolge
- bei dem Versuch, ein gleichbleibendes Taktbeispiel mit Taktwechseln zu durchsetzen (instrumental oder durch Bewegung)
- bei einer auszuarbeitenden Bewegungskomposition nach einem taktgebundenen Musikstück, solistisch oder in Gruppen, bei dem die gesamte Bewegungsfolge genau festgesetzt wird.

Wie können schwere und leichte Taktteile bei Klangbeispielen mit gleichbleibender Taktart in stark und schwach akzentuierte Bewegung kongruent umgesetzt werden?

Optische Hervorhebung der schweren Taktteile

1. Akzentuierende Bewegungen während einer gleichbleibenden Fortbewegungsart, z. B. innerhalb eines geradlinigen Vorwärtslaufes:
- leichte Tief- oder Hochfederungen; jeweils auf dem schweren Taktteil
- kleine Sprünge, wobei der Akzent auf der Flugphase liegen kann, d. h. der Absprung liegt vor der Hauptbetonung, oder der Akzent auf der Landephase liegen kann (z. B. bei Schlußsprüngen), d. h. die Flugphase ist auftaktig zu verstehen.

2. Akzentuierende Bewegungen am Ort, z. B. Schulter-, Bekken-, Arm-, Hand-, Bein-, Fuß-, Kopfbewegungen in unterschiedlichen Körperlagen und -positionen, im Wechsel oder kombiniert.

3. Richtungsänderung bei gleichbleibender geradliniger Fortbewegungsart, so daß unterschiedliche geometrische Figuren entstehen, z. B. „Buchstaben-Laufen" (oder Gehen, Federn, Hüpfen) oder Figuren-Bilden durch Umlaufen von Gegenständen nach selbst gewählter oder festgelegter Taktanzahl.

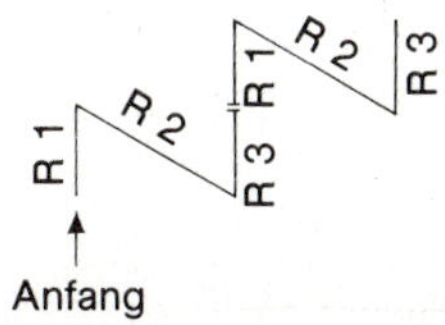

Raumweg 1 – eine Zählzeitgruppe (z. B. ein ⅝-Takt)

Raumweg 2 – zwei Zählzeitgruppen (z. B. zwei ⅝-Takte)

Raumweg 3 – wie Raumweg 1

4. Einbezug unterschiedlicher Niveaus (Raumboden, zwei bis drei aufeinanderliegende Matten, Kastenoberteile, Schwebebänke, kleine Kästen), z. B. ausgewählte Taktschwerpunkte oder vollständige Takte/Taktgruppen auf jeweils wechselndem Niveau ausführen.

5. Einbezug kurviger Raumwege als Variation der Aufgaben 1, 3 und 4.

6. Einbezug wechselnder Fortbewegungsarten (hierbei entstehen bereits unterschiedlich rhythmisierte Taktgefüge), z. B. 1. Raumweg: wechselndes einbeiniges Federn; 2. Raumweg: hüpfen; 3. Raumweg: laufen.

7. Kombination von 1 und 2 sowie von 1 bis 6.

Letzteres bietet sich als mögliches Thema für eine Gestaltung.

8. Akzentuierender Einsatz eines Objektes/Materials/Handgerätes.

Akustische Hervorhebung der schweren Taktteile

1. Durch stimmliche Klangäußerung,
2. Durch Einsatz verschiedenartiger Klangerzeuger,
3. Durch Klanggesten der Hände und Füße.

(Näheres zu 1–3 vgl. „Bewegungsbegleitung", S. 121 f.)

Wie könnte ein Bewegungsbeispiel geartet sein, durch das außer der parallelen Betonung von Taktschwerpunkten auch Betonungskontraste sichtbar gemacht werden sollen?

Folgende vier Bewegungen liegen nachfolgenden Abläufen zugrunde:

Erste Bewegung: Von Schlußstellung in weite Grätschstellung mit leicht gebeugten Beinen springen

Zweite Bewegung: In die Hände klatschen bei unveränderter Grätschstellung

Dritte Bewegung: Verlagerung des Körpergewichtes auf ein Bein (Ausfallschrittstellung, unveränderte Front). Oberkörper in Verlängerung des gestreckten Beines. Arme in Verlängerung der diagonal gelagerten Körperachse

Vierte Bewegung: unbelastetes Bein mit einem Stampfer zur Schlußstellung zurückziehen. Oberkörper aufrecht. Arme zurück an Körperschmalseiten. Beine leicht gebeugt

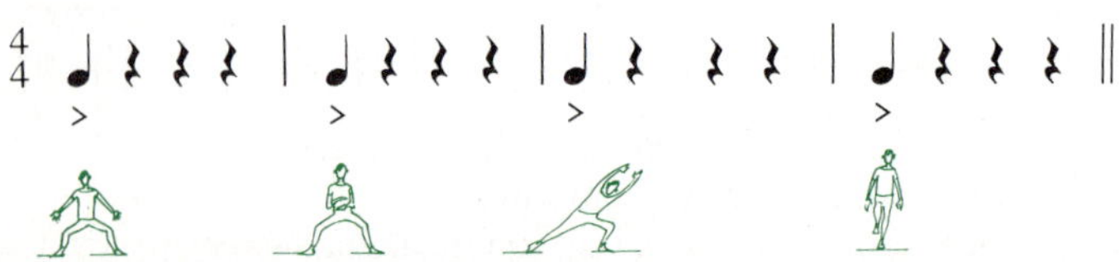

1. Beispiel: Taktschwerpunkte fallen mit sichtbaren Bewegungsakzenten zusammen.

2. Beispiel: Taktschwerpunkte fallen (bis auf die erste Zählzeit) nicht mit den Bewegungsakzenten zusammen. Es entstehen Betonungsverschiebungen (Synkopen, vgl. S. 112)

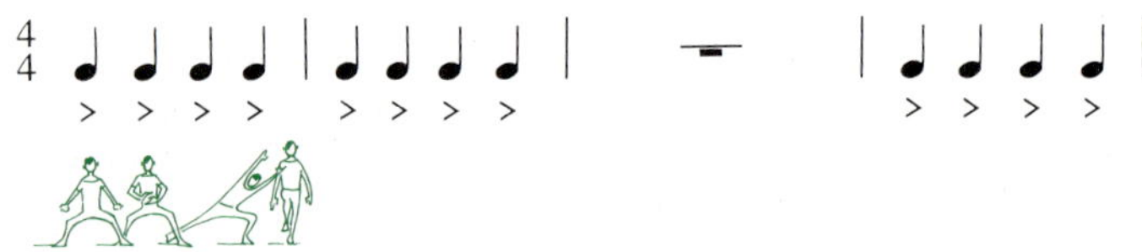

3. Beispiel: Jedes Taktteil wird gleich stark betont (vgl. Metrum), Pause im dritten Takt.

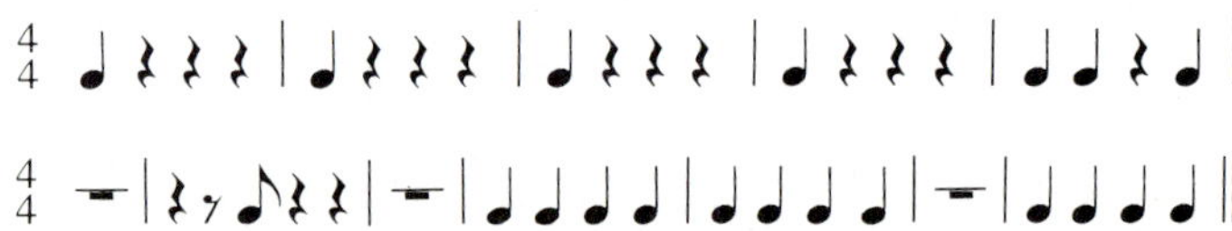

4. Beispiel: Beispiel 1, 2 und 3 werden nacheinander im Zusammenhang ausgeführt.

5. Beispiel: Beispiel 1, 2 und 3 werden nacheinander (sukzessiv) und gleichzeitig (simultan) im versetzten Einsatz mit Partner oder Gruppe ausgeführt.

Wodurch können Taktgruppen mit wechselnder Taktart in der Bewegung sichtbar und hörbar gemacht werden?

Die angegebenen Übungsmöglichkeiten zu dieser und zur vorangehenden Fragen sind untereinander austauschbar.

Taktzeitgruppen verschiedener Taktarten durch kontinuierliche Fortbewegung über Markierungspunkte im Raum entstehen lassen: Eine größere Anzahl von Stäben (oder andere Materialien) liegt in unterschiedlichen Abständen quer zum Ausgangspunkt:

Beim Überlaufen der Stäbe in *gleichmäßig großen* Laufschritten muß sich eine wechselnde Schritt-(Taktzeit-)Anzahl zwischen den Stäben ergeben, die je nach Schrittlänge der Personen verschieden ausfallen kann, jedoch in bezug auf die Taktwechsel regelmäßig sein muß.

Selbstgefundene Wechseltaktkombinationen wiederholen: Die gefundenen Kombinationsmöglichkeiten von Taktarten werden besprochen, praktisch wiederholt und dadurch für die übrigen Gruppenmitglieder nachvollziehbar gemacht.

Schwierige Wechseltaktreihen entstehen lassen: Die Abstände zwischen den Stäben verändern:
– so daß drei verschiedene Taktarten in *regelmäßiger* Wiederkehr erscheinen

– daß zwei verschiedene Taktarten in *unregelmäßiger* Wiederkehr erscheinen

– daß drei und mehr verschiedene Taktarten in regelmäßiger/unregelmäßiger Wiederkehr erscheinen.

Die Wechseltaktkombination eines Partners übernehmen: Die Übernahme einer Taktgruppenkombination kann erfolgen, indem man die Bewegungen und die Schrittgeräusche gleichzeitig verfolgt oder indem man die Augen von der Schallquelle abwendet und lediglich die Schrittanzahl mit ihren unterschiedlich leichten und beim Überspringen der Stäbe sich ergebenden schweren Betonungen hörend verfolgt.

Die eigenen Wechseltaktkombinationen oder die eines Partners verändern: Unabhängig von Bodenmarkierungen, an einer oder mehreren selbst gewählten Stellen oder an vorgeschriebener/-geschriebenen Stelle(n).

Taktgruppen gleichbleibender Taktart mit Taktgruppen wechselnder Taktart beliebig kombinieren: Die o. g. Möglichkeiten werden gekoppelt mit einem oder mehreren Aspekten, die im Zusammenhang mit „Taktgruppen gleichbleibender Taktart" genannt worden sind.
Unter besonderer Beachtung zweier Gestaltungskriterien könnte die Aufgabe nunmehr lauten: Die schweren Taktteile in Taktgruppen mit wechselnder Taktart beliebig in Bewegung umsetzen unter besonderer Berücksichtigung dynamischer und räumlicher Differenzierungen (Thema für eine Gestaltung).

Wie können Taktgefüge rhythmisiert werden, und wann ist es wichtig, daß rhythmische Sachverhalte innerhalb einer musikalischen Vorlage erkannt werden?

Als Ausgangsbeispiel dient eine Taktgruppe mit wechselnder Taktart:

Nimmt man die Viertelnote als Grundeinheit an, ergeben sich z. B. folgende Rhythmisierungsmöglichkeiten:

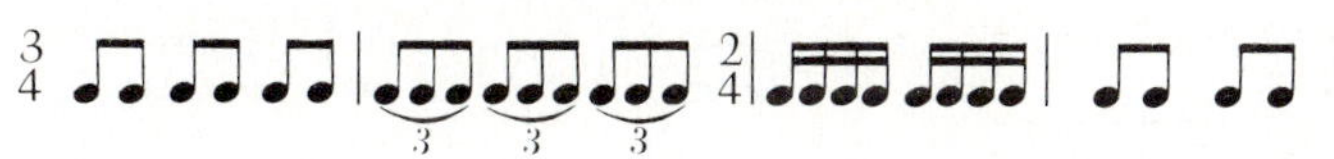

Teilung der metrischen Grundeinheit (halbieren, dritteln [„Triole"] vierteln etc.)

Zusammenziehung (zweier, dreier, vierer etc.) metrischer Grundeinheiten

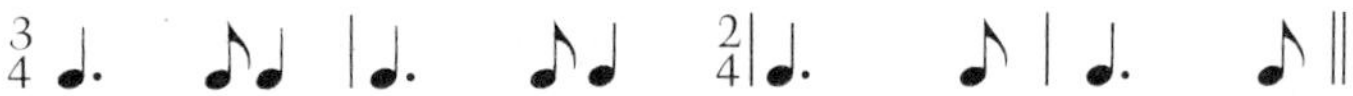

Punktierung der metrischen Grundeinheit

Punktierung der halbierten metrischen Grundeinheit

Kombination von metrischen Grundeinheiten und möglichen Teilungen (Veränderung erfolgt taktweise)

Kombination von Teilungen und Punktierungen der metrischen Grundeinheit

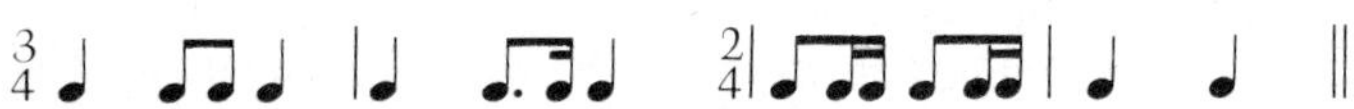

Kombination von metrischen Grundeinheiten, möglichen Teilungen und Punktierungen (Veränderung erfolgt innerhalb der Takte)

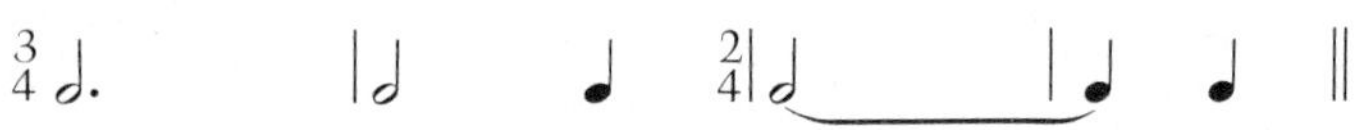

Kombination von metrischen Grundeinheiten und deren Zusammenziehungen (auch über einen Takt hinaus)

Kombination von metrischen Grundeinheiten, möglichen Zusammenziehungen und Teilungen

Einbezug von Pausen: Pausen auf unbetonten Taktzeiten fallen dem Ohr wesentlich weniger auf als Pausen auf betonten Taktzeiten, da sie sich unmerklich in das Takt- und Phrasenschema eingliedern können und aufgrund ihrer Unauffälligkeit als natürlich empfunden werden.

Pausen auf unbetonten Taktzeiten

Pausen auf schweren Taktzeiten

Einbezug von Synkopen, d. h. Verschiebungen der Betonung von einer betonten auf eine unbetonte Taktzeit. Diese Betonungsverschiebung kann erfolgen durch sogenannte Akzentsynkopen, wodurch eine leichte Taktzeit eine zusätzliche Betonung erhält (vgl. S. 112, zweites Beispiel)

oder durch taktübergreifende Zusammenziehung leichter und schwerer Taktzeiten, wodurch die unbetonte Taktzeit jede normalerweise folgende Betonung auf sich konzentriert:

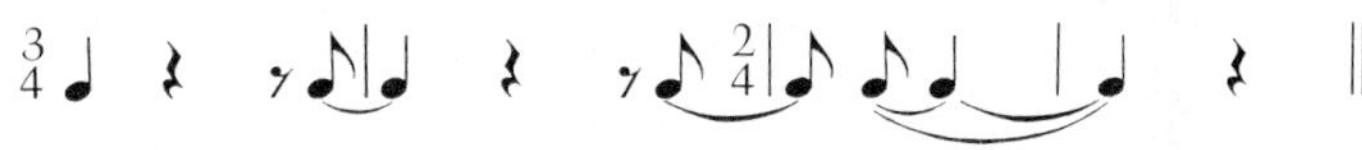

Bei folgenden Aufgabenstellungen ist es wichtig, rhythmische Sachverhalte innerhalb einer musikalischen Vorlage zu erkennen: – bei einer Umsetzung durch Bewegung, die zur rhythmischen Vorlage parallel verlaufen soll
– bei Bewegungsabläufen, die zur rhythmischen Vorlage oder zu Bewegungsabläufen eines Partners/einer Gruppe kontrastierend verlaufen soll (bei diesem Vorgang entsteht eine simultane Kombination verschiedener rhythmischer Gefüge: „Polyrhythmik")

– bei der Aufforderung zu rhythmischen Varianten des Ausgangsbeispiels
– bei der Bewegungsbegleitung.

Was kennzeichnet ametrische Abläufe in bezug auf Bewegung und Begleitung?

Ametrische Bewegungsabläufe entstehen sehr häufig beim freien Experimentieren mit Bewegungsmaterial ohne und mit Partner oder Objekten; z. B. beim Ausprobieren spezifischer Bewegungsmerkmale von Handgeräten, angefangen bei einem sehr schlichten Motiv (z. B. Rollen eines Reifens über einen 6–8 m langen Raumweg und beliebiges Wiederaufnehmen des Reifens, z. B. durch einen Hochwurf nach ebenfalls beliebigem Umlaufen des rollenden Geräts) bis zu komplizierten Motivkombinationen mit zeitlich verschieden gegliederten, vorbereitenden und abklingenden Phasen, unregelmäßigen Akzentuierungen, agogisch stark schwankenden Übergängen usw. Führten zwanzig Personen das o. g. Motiv mit dem Reifen nacheinander aus, so würden selbst nach genauer Festlegung der Raumwege, Richtung und Länge mit Sicherheit zwanzig mehr oder weniger voneinander verschiedene Abläufe in Zeit, Dynamik und Raum entstehen, die alle durch unregelmäßige rhythmische Schwerpunktsetzung (Ametrik) gekennzeichnet wären.

Wird einer der zwanzig Abläufe zu Paaren oder in kleinen Gruppen geübt, so muß der rhythmisch freie Ablauf nicht in ein metrisches Schema gepreßt werden. Eine Übernahme ametrischer Zeitdauern mit ihren verschiedenen Intensitäts- und Spannungsgraduierungen (dynamischer Ablauf) erfordert vom übernehmenden Partner allerdings eine differenzierte Anpassungsfähigkeit an zeitliche und dynamische Gliederungen anderer, muß jedoch nicht zur Aufgabe der freien Rhythmisierung führen, die den ursprünglichen Ablauf prägt.

Die Entscheidung für oder gegen eine Eingliederung ametrischer Bewegungsabläufe in Taktschemata wird jeweils von der jeweiligen Aufgabe abhängig sein. Heißt eine Aufgabe z. B.: Den rollenden Reifen mit einem dynamischen Lauf „begleiten“; beliebigen Übergang finden zur Wiederaufnahme des Geräts, so würde ein vorgegebenes Taktschema manche individuellen dynamischen und agogischen Ausprägungen innerhalb des Bewegungsablaufs gewaltsam unterdrücken und zu einem zeitlich genormten Ablauf vereinheitlichen. Insofern wäre eine Eingliederung des ametrischen Ablaufs in ein metrisch gebundenes Taktschema bei der Lösung dieser Aufgabe nicht sinnvoll. Anders, wenn die Eingliederung direkt zum Thema gemacht wird, z. B.: „Einen ametrischen Bewegungsablauf so verändern, daß er sich auf der Basis eines vorgegebenen metrisch gebundenen Ablaufs ausführen läßt“; hierbei geht es in erster Linie um die Fähigkeit, Phrasierungen, Zeitpunkte der Akzentuierungen usw. so zu verändern und zu verschieben, daß sie mit der metrisch gebundenen Vorlage korrespondieren.

Durch eine metrische Fixierung gehen mit Sicherheit die in freier Zeitgliederung entstandenen subjektiven rhythmisch-dynamischen Ausprägungen und u. U. auch Ausführungseigenarten verloren. Aus diesem Grund sind die Einbußen einerseits und die möglicherweise gewinnbringenden Impulse andererseits jeweils kritisch gegeneinander abzuwägen.

Die Begleitung ametrischer Abläufe (z. B. im Rahmen ausgearbeiteter Bewegungskompositionen mit Handgerät) kann nicht auf ein (ohnehin undynamisches) Durchzählen von Schlageinheiten angelegt sein. Wenn die Bewegungsbegleitung mit den dynamischen und agogischen Vorgängen der Bewegungsabläufe korrespondieren soll, so kann sie nur anhand differenzierter Bewegungsbeobachtung vorgenommen werden (Realisierungsaspekte zur Bewegungsbegleitung, vgl. S. 119f.).

Wird eine fixierte, metrisch ungebundene Musikkomposition als Bewegungsbegleitung gewählt (z. B. europäische Klangstücke des 20. Jh.), so sollte die Musikwahl möglichst *vor* der zu erarbeitenden Bewegungsgestaltung getroffen werden, da sonst zu viele Umänderungen erforderlich werden.

Wie können Tempovorgänge und deren Veränderungen in der Bewegung realisiert werden?

Bewegungsabläufe können ausgeführt werden (auszuprobieren anhand folgender Beispiele):
1. Aus der gestreckten Bauch- oder Seitlage am Boden zum einbeinigen Stand kommen und wieder zurück zur Ausgangsposition
2. Bewegungen des Kopfes (Neigen zur rechten und linken Schulter) und gleichzeitiges Heben eines abwechselnd aus- und eingedrehten im Kniegelenk gewinkelten Beins:
allein: – in konstant langsamer/mäßiger/schneller Geschwindigkeit
– im Wechsel verschiedener Geschwindigkeiten innerhalb eines Ablaufs (zeitliches Nacheinander verschiedener Tempi), wobei der Wechsel durch sichtbare Zäsuren (Bewegungsstillstand) und durch nahtlose Verbindung (in kontinuierlicher Form, accelerando oder ritardando, oder punktuell wechselnd) erfolgen kann
– in Kombination verschiedener Geschwindigkeiten innerhalb eines Ablaufs (zeitliches Nebeneinander verschiedener Tempi, möglich bei Beispiel b: doppelt/dreifach/vierfach so langsame/so schnelle Kopf- wie Kniebewegungen).

mit Partner: – beide mit gleicher Geschwindigkeit im gleichen zeitlichen Ablauf
– beide mit gleicher Geschwindigkeit und beliebig versetztem Einsatz
– beide mit verschiedener Geschwindigkeit im gleichen zeitlichen Ablauf
– beide mit verschiedener Geschwindigkeit und versetztem Einsatz.

In welcher Form können Tonstärkeverläufe in der Musik auftreten, und wie können sie in der Bewegung sichtbar gemacht werden?

Die Tonstärke kann (wie das Tempo):
– konstant sein, dabei werden die Tonstärkegrade unterschieden in pp (pianissimo), p (piano), mp (mezzopiano), mf (mezzoforte), f (forte), ff (fortissimo), pf (fortepiano – plötzlicher Akzent)
– sich kontinuierlich verändern, dabei wird unterschieden zwischen crescendo $<$, einem kontinuierlichen Anwachsen der Lautstärke, und decrescendo $>$, einem kontinuierlichen Abnehmen der Lautstärke
– plötzlich, punktuell wechseln.
Die Differenzierung der Tonstärkegrade mit ihren verschiedenen Übergangsformen bezeichnet man in der Musik als Dynamik. In der Bewegung spiegeln sich Tonstärkegrade in Intensitätsunterschieden hinsichtlich der Muskelspannung, des Gewicht- und Krafteinsatzes wider. Tonstärkeverläufe können unter denselben Aspekten wie Geschwindigkeitsverläufe in der Bewegung realisiert werden:
– konstante Dynamik innerhalb eines Bewegungsablaufs
– kontinuierlich wechselnde Dynamik innerhalb eines Ablaufs, der allein, mit Partner oder Gruppe in zeitlich paralleler oder versetzter Form ausgeführt werden kann, z. B. Kreisen oder Achterkreisen mit einem Band oder einem Tuch, wobei der Krafteinsatz des gesamten Körpers zunächst bis zum Maximum anwächst (damit auch die Amplitude der kreisenden Bewegungen), um anschließend allmählich den Krafteinsatz auf ein mögliches Minimum zu reduzieren; das Minimum ist dann unterschritten, wenn die Linienführung der Kreise und Achterkreise nicht mehr deutlich erkennbar und der Fluß von Körper- und Gerätbewegung unterbrochen ist
– punktuell wechselnde Dynamik, z. B. Bewegungsakzente/impulsartige Hoch-Bewegungen aus zähflüssiger Fortbewegung am Boden.

Die Realisierung dynamischer Abläufe kann erfolgen:
– aufgrund einer akustischen oder optischen Vorlage, deren dynamischer Verlauf durch Bewegung sichtbar gemacht werden soll; z. B. optische Vorlage (Tafelbild):

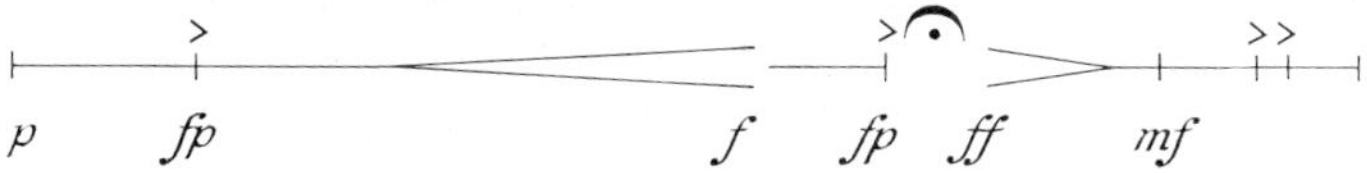

– aufgrund eines Bewegungsmotivs, zu dem verschiedene dynamische Abläufe entwickelt werden sollen, z. B. unterschiedlich schwere Wurfgeräte (Luftballon, Gymnastikball, Medizinball) mit einem Partner austauschen; während des Geräteaustauschs zusätzlich ständig den Abstand zum Partner verändern.

Was bezeichnet Artikulation in der Musik, und wie lassen sich Artikulationsvorgänge in Bewegung umsetzen?

Artikulation bezeichnet die Verbindung oder Trennung einzelner Töne, dargestellt durch die graphischen Zeichen

 (staccato), scharfe Trennung der Töne

 (legato), Bindung zweier oder mehrerer Töne

Bei der Übertragung der beiden Termini auf die Bewegung lassen sich den beiden Fachausdrücken Begriffe zuordnen wie „kurz", „voneinander abgesetzt" (Staccato-Bewegung) und „fließend/nahtlos" in den Übergängen (Legato-Bewegung).

Die Staccato-Bewegung ist durch absichtlichen, abrupten Abbruch schneller Bewegungen bzw. durch regelmäßige oder unregelmäßige Unterbrechung des Bewegungsflusses gekennzeichnet (im 2. Beispiel nur beschränkt möglich):

1. Die Körperform schnellstmöglich, ruckartig verändern, z. B. Beuge-Streckbewegungen, Kipp- und Drehbewegungen mit einzelnen oder mehreren Körperteilen (isolierte Bewegung). Hoch- Tief-, Eng-Weit-Bewegungen des gesamten Körpers. „Schnellstmöglich" bezieht sich auf *eine* Bewegungsphase, (z. B. den oberen Rumpf kippen, den Kopf oder gesamten Körper drehen), und nicht auf die Verbindung mehrerer Phasen, d. h., es können unterschiedlich lange Pausen zwischen den einzelnen Staccato-Bewegungen sein.

2. Die Fortbewegungsarten Gehen, Laufen, Hüpfen, Federn staccato ausführen, sowohl auf der Stelle als auch in Fortbewegung. Hierbei wird die Artikulationsweise Staccato durch die Art des Fußabdrucks und durch die Bewegungsart des jeweiligen Spielbeins realisiert. Sowohl der abdrückende Fuß (das Gehen ausgenommen) als auch der freie Fuß/Unterschenkel/Oberschenkel schnellen nämlich in größtmöglicher Geschwindigkeit vom Boden weg in unterschiedliche Richtungen und Halten.

Die genannten Fortbewegungsarten kann man in einem sehr stark oder sehr schwach ausgeprägtem Staccato oder sogar sowohl Staccato als auch Legato realisieren (z. B. im Bereich des Gehens: marschieren wie ein Soldat – schleichen wie ein Dieb).
Die Legato-Bewegung ist durch eine fließende Ausführung gekennzeichnet, bei der die oben genannten Bewegungsformen in eine zeitlich mehr oder weniger gedehnte, naht- und bruchlose Verbindung gebracht werden.
Das Begriffspaar Staccato – Legato steht in einem Extremverhältnis innerhalb der Artikulationsweisen zueinander. Zwischen diesen beiden Polen liegt eine Fülle von Nuancierungsmöglichkeiten. Die genannten Artikulationsweisen sind nicht auf jede Bewegung übertragbar, vielmehr dienen sie häufig dazu, die Ausführungsintensität von Staccato- und Legato-Bewegungen zu graduieren. So ist z. B. ein Federn mit dem Seil lediglich in einem mehr oder weniger intensiven Staccato ausführbar, keinesfalls aber in irgendeiner Form des Legato. Um-

gekehrt läßt ein Achterkreisen mit dem Seil differenzierende Legato-Schattierungen zu, keinesfalls ein Staccato.

Welche strukturellen Gliederungsmöglichkeiten können Klangbeispiele aufweisen, und wann wird eine Gliederung (Phrasierung) notwendig?

Eine Möglichkeit, Klangbeispiele zu strukturieren, bildet die *motivische* oder *thematische* Gliederung. Hierbei lassen sich unterscheiden:
- Glieder, die die „Keimzellen" allen thematischen Gestaltens bilden: Motive
- Glieder, die zwei oder mehrere Motive zusammenfassen: Motivgruppen oder Themen.

Diese können in aneinandergereihter Form (Motiv- oder Themenaddition) oder in prozeßhaft entwickelnder Form erscheinen. Was die Beziehung zwischen Motiven und/oder Themen anbetrifft, so können diese
- wiederaufgegriffen werden, unverändert als Wiederholung oder verändert durch Verkürzung, Umkehrung, Umrhythmisierung, Verdichtung, Ergänzung usw.
- miteinander verknüpft werden durch gleiche oder verschiedenartige Überleitungen
- kontrastiert werden durch ein zweites oder drittes Gegenthema oder durch ein Ostinato (gleichbleibendes, durchgängiges Hintergrundmotiv) im zeitlichen Nach- oder Nebeneinander.

Anstelle des Begriffs Thema wird auch häufig der den Gliederungsaspekt betonende Begriff Phrase benutzt, daher der Begriff Phrasierung, eine analysierende Bezeichnung für musikalische Sinnglieder; graphisches Zeichen ist wiederum der Bogen ⌒ oder zur einfacheren Unterscheidung und Kennzeichnung von Haupt- und Nebengliederungen das Zeichen ˡ. Musikalische Phrasierung kann mit der ordnenden Interpunktion (Zeichensetzung) in Rede und Schriftsprache verglichen werden.

In der klassisch-romantischen Musikepoche erscheinen die Motivgruppen (Phrasen) meist in metrisch gebundener und periodischer Form (vgl. Norwegischer Tanz von E. Grieg, S. 117), in der Musik des 20. Jh. oft in ametrischen Gestalten (häufig nur graphisch notierbar) und in aperiodischer Form. Eine zweite Gliederungsmöglichkeit besteht im *Wechsel bzw. in der Veränderung von Klangeigenschaften* (Lage, Dauer, Farbe, Stärke der Klänge, wodurch Klangvorgänge ebenfalls eine formale Gliederung erhalten können). In Klangbeispielen des 20. Jh. wird häufig auf formale Proportionen, auf eine eindeutige und direkte Verknüpfung von Satzgliedern verzichtet.

Die Gliederung eines Klang- oder Bewegungsablaufes ist notwendig:
- wenn die Formteile eines Klangbeispiels bzw. deren Beziehungen zueinander in Bewegungsabläufe umgesetzt und somit ein beziehungsloses Nebeneinander von Sinngliederungen in Musik und Bewegung verhindert werden soll
- wenn bestehende Bewegungsmotive/-Motivgruppen „live" begleitet werden sollen (vgl. hierzu S. 119f.)
- wenn die Phrasierungen bestehender Bewegungsmotive auf ein nachträglich gegebenes Musikstück zugeschnitten werden sollen, was Motivumstellungen oder -ergänzungen und Veränderungen bisher ausgearbeiteter dynamischer und agogischer Verläufe erforderlich macht.

Auf welche Weise läßt sich die Phrasierung bzw. der Klangverlauf eines Musikstückes, das lediglich auf Tonträgern vorhanden ist, in einfacher Form schriftlich skizzieren?

Bei metrisch gebundenen Musikstücken skizziert man zunächst die Takteinheiten in beliebig graphischer Form (z. B.: große, senkrechte Striche für die schweren, kleine senkrechte Striche für die leichten Taktteile). Im Anschluß daran sucht man musikalische Sinnglieder analysierend auf und versieht die Motive/Motivgruppen mit Bögen (nicht zu verwechseln mit den Legatobögen, die lediglich die Artikulation kennzeichnen). Für neue Phrasenansätze wählt man eine neue Zeile, so daß am Ende des Phrasierungsvorganges automatisch eine formale Gliederung entsteht.

Beispiel: E. Grieg „Norwegischer Tanz", op. 35, Nr. 2

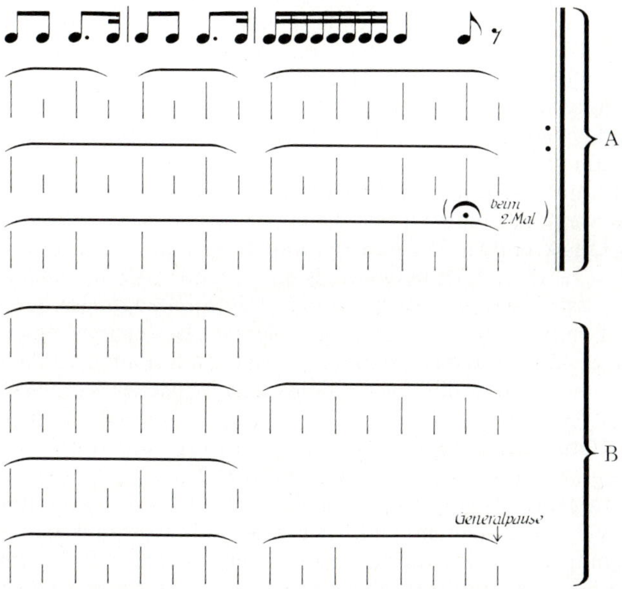

Wiederholung des 1. Teils mit zwei zusätzlichen Schlußtakten

Bei nicht metrisch oder thematisch gebundenen Klangbeispielen (s. progressive Rock-Musik, elektronische Musik etc.) empfiehlt es sich, den zeitlichen Klangverlauf mit seinen auffälligen Eigenschaften (Artikulation, Klangdauer, Lautstärke, Lage, Richtung des Klanges) und deren für die Bewegung relevanten Veränderungen/Entwicklungen auf individuelle Art graphisch darzustellen, wobei eine farbliche Kontrastierung z. B. von geraden oder kurvigen Linien, Flächen- oder Punktgebilden zur besseren „Lesbarkeit" beitragen kann.

Welche Übungsmöglichkeiten bieten sich an, Phrasierungsvorgänge in der Bewegung bewußt zu machen?

Einen Bewegungsablauf in deutliche Abschnitte gliedern, z. B.: eine Drehbewegung am Boden um die Längsachse mit einer gesprungenen Längsachsendrehung verbinden; Zurückentwicklung zur Ausgangsposition entweder mit gegebener Phrasierung (s. Skizze) oder mit eigener Phrasierung, wobei

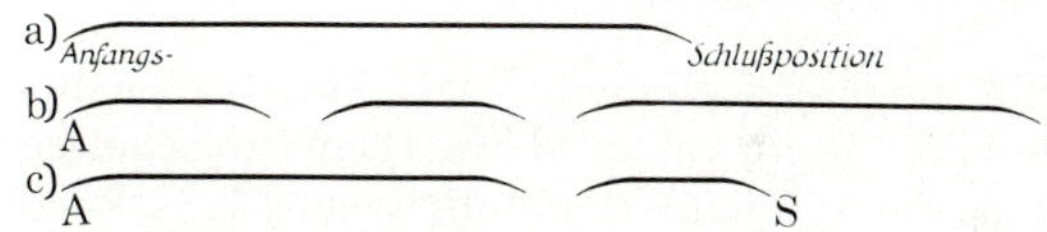

die gefundenen Möglichkeiten wiederum als Übungsbeispiele zur Phrasierungsanalyse dienen können.

Phrasierungsabläufe entstehen lassen oder nachvollziehen durch Fortbewegung von einem räumlichen Orientierungspunkt zu einem andern

Die Orientierungspunkte werden in gleichen oder unterschiedlichen Abständen markiert. In vorgeschriebener oder selbstgewählter Reihenfolge steuert der Übende in beliebiger Fortbewegungsart die jeweiligen Markierungspunkte an (z. B. s. Skizze unten) und hebt das Ende eines Phrasierungsbogens deutlich hervor (z. B. durch eine mehr oder weniger verhaltene Bewegung, eine Drehung, ein Umlaufen der Markierung u. a.).

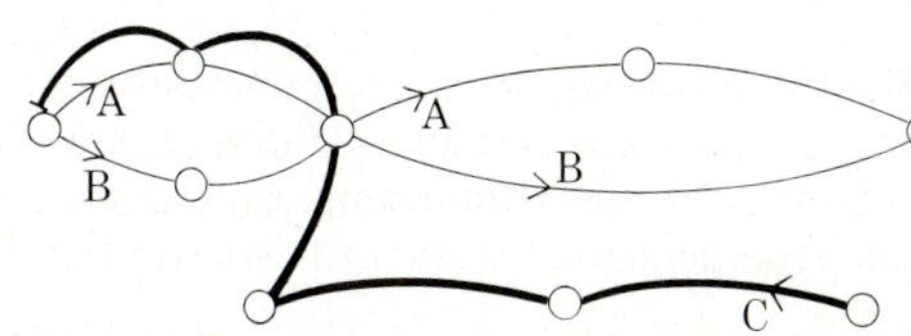

Wählt man den Ausgangspunkt beliebig, ergibt sich eine Vielzahl an Phrasierungsmöglichkeiten (s. Skizze).

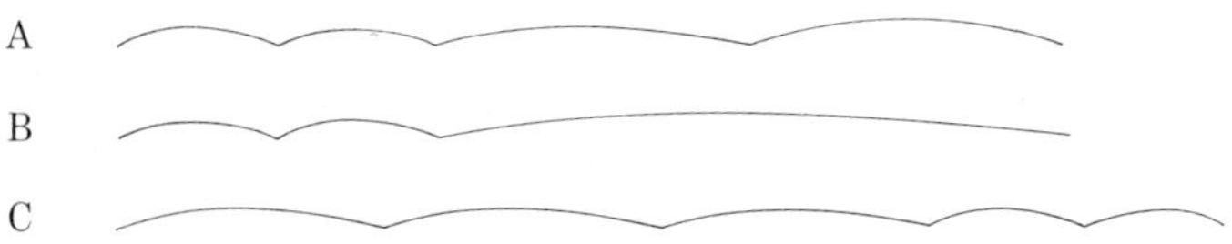

Wozu kann Musik in Verbindung mit Bewegung benutzt werden?

Musik kann eingesetzt werden: – als Mittel, eine bestimmte Atmosphäre für ein ausgewähltes Thema zu schaffen (z. B. Darstellung eines Inhalts durch Bewegung). Verlangt hingegen das Thema besondere Konzentration, so kann Klangliches auch als störend empfunden werden (z. B. Konzentration auf Wirkungsweisen von bewegungstechnischen Übungen; auf unterschiedliche Muskelspannungen einzelner Körperteile; auf visuelle/akustische/taktile Impulse eines Partners; auf die Handhabung eines Objekts usw.)

– als Mittel, eine psychische Befindlichkeit zu beeinflussen, z. B. zu beruhigen; Hemmungen und Verspannungen zu reduzieren bzw. zu lösen; Bewegungsbereitschaft zu aktivieren; aufzuputschen; zur Meditation, Ausgelassenheit anzuregen; auch als Mittel, rhythmisches Bewegungsverhalten zu manipulieren; zur unreflektierten Hingabebereitschaft, Ekstase, Trance anzuregen und somit passive Verhaltensweisen zu erzeugen

– als zeitlicher Ordnungs- bzw. Regulierungsfaktor, wenn Aspekte von Tondauern umgesetzt werden (vgl. S. 105ff.)

– als Hilfe zur Erfahrungssammlung und Bewußtmachung verschiedener Klangeigenschaften und Strukturen von Klangvorgängen

– zur Unterstützung von bereits gekonnten Bewegungsmotiven oder Motivkombinationen in Hinblick auf Ausdauer, rhythmische Präzision und dynamische Intensität. Werden allerdings Bewegungen in ihrem Ansatz und/oder Ablauf noch nicht beherrscht, kann die gegenteilige Wirkung eintreten, nämlich eine oberflächliche Ausführung

– als Inspirationsquelle zum Finden, Entwickeln, Verbinden und Verändern von Motiven (Bewegungsimprovisation). Umgekehrt kann eine akustische – insbesondere metrisch gebundene – Vorlage beim erstmaligen Experimentieren mit einer Bewegungsidee als Zwangsjacke empfunden werden und sowohl das Bewegungsverhalten einengen als auch das Ideenspektrum schmälern

– als Stimulator zum bewußten Ordnen von Bewegungseinfällen (Bewegungskomposition). Ist eine Komposition allerdings ohne Musik entstanden und rhythmisch-dynamisch differenziert ausgearbeitet, ist in den meisten Fällen lediglich eine auf die entsprechende Bewegungsgestaltung zugeschnittene Klangkomposition sinnvoll (vgl. hierzu „Bewegungsbegleitung", S. 119ff.). Jedes Überstülpen von – wenn auch guten – Musikbeispielen sollte ein sensibles und kritisches Vorgehen bei der Auswahl verbieten

– als Klangkulisse, zu der keine bewußte Beziehung durch Bewegung aufgenommen zu werden braucht

– als Interpretationsvorlage (im Bereich Tanz), zu der unter ausgewählten Aspekten (vgl. hierzu S. 104f.) bewußt durch Bewegung Beziehung aufgenommen werden soll, z. B. indem man Klangvorgänge mit realen oder irrealen Handlungsideen verknüpft.

Wie sollte ein Klangstück geartet sein, wenn es Grundlage zu einer Bewegungsgestaltung in Gymnastik oder Tanz sein soll?

In der Gymnastik fungiert Musik in erster Linie als unterstützende Begleitung von Bewegungsabläufen und dient so-

mit der Intensivierung des rhythmisch-dynamischen Bewegungsverhaltens (vgl. S. 104).
Ein Klangbeispiel, das einer gymnastischen Bewegungsgestaltung zugrunde liegt, sollte daher in seiner rhythmischen und dynamischen Substanz vielseitig sein. Musikstücke, die z. B. immer wiederkehrende rhythmische Wendungen lediglich additiv aneinanderreihen, sind eher bei der Begleitung zweckbetonter Übungen anzuwenden, bei denen eine häufige Wiederholung intendiert ist, weniger für eine nuancierte variationsreiche rhythmische Gestaltung.
Ebenso sollte das Klangbeispiel Möglichkeiten der Phrasierung anbieten; das bedeutet: Es muß nicht metrisch gebunden, d. h. auszählbar, aber dennoch gliederbar sein, wobei die musikalischen Sinngliederungen zu verschiedenartigen zeitlichen Abläufen mit unterschiedlichen Bewegungsentwicklungen, Höhepunkten, Ruhepunkten etc. anregen. Ist keines der genannten Kriterien bei dem ausgewählten Musikstück deutlich vertreten, sollte entweder nach einem anderen Stück gesucht oder zugunsten einer rhythmischeren und dynamischeren Gestaltung auf eine akustische Vorlage verzichtet werden.
Im Tanz kann ein Klangstück als Interpretationsvorlage angesehen werden; aus diesem Grund läßt sich geradezu jegliche Art und Gattung von Musik als Klanggrundlage für eine Tanzkomposition verwerten. Die Musik kann zwar hier auch als Dienerin der Bewegung angesehen werden, aber genauso als Kontrahent, Imaginator, Inspirator zur Clownerie, zur Groteske, zur Tragödie, zum Traumbild, als etwas Atmosphärisches, Banales, Ulkiges, Ernsthaftes, Monotones, Kitschiges etc. vom Tanzenden interpretiert werden.

Mit welchen Mitteln und auf welche Weise kann man andere und sich selbst zu Bewegungsabläufen „live" begleiten?

Eine Live-Begleitung hat gegenüber der „Tonkonserve" den Vorteil, daß sie auf die individuellen agogischen u. dynamischen Schwankungen des sich Bewegenden eingehen kann. Bewegungsbegleitung erfordert ein sensibles Einfühlungsvermögen in die Bewegungsabläufe anderer und bedarf daher besonderer Aufmerksamkeit, Konzentration und auch Übung, z. B. im Umgang mit Instrumenten, mit der eigenen Stimme etc. Ein häufiges gegenseitiges Zuhören und Beobachten ist daher unerläßlich, wenn die visuelle und auditive Wahrnehmungsfähigkeit geschult (vgl. S. 126ff.) und die Erfahrungen eines jeden Beteiligten im Hinblick auf instrumentale und vokale Artikulationsweisen erweitert werden sollen.

1. Die Bewegungsbegleitung kann durch *stimmliche Klangäußerungen* realisiert werden, eine Begleitungsart, die sowohl bei der Eigen- als auch bei der Fremdbewegung – am günstigsten in Gruppen – („chorischer") Besetzung angewendet werden kann. Der Einsatz der Stimme hat den besonderen Vorteil, daß selbst komplizierteste agogische Schwankungen auf eine individuelle Lautsprache übertragen werden können.
Dabei lassen sich verschiedene Sprachelemente (Vokale, Konsonanten, Silben, Wörter) auf unterschiedliche Art verwenden: flüstern, gurgeln, hauchen, raunen, schnalzen, zischen, säuseln, pusten, sprechen, singen, husten, summen, zischeln, lachen, schreien, murmeln etc., in unterschiedlichen Artikulationsformen: gestoßen, gedehnt, gebunden, mit und ohne Pausen; in unterschiedlichen Ausdrucksqualitäten (Bereich Tanz): erstaunt, apathisch, sarkastisch, gleichgültig, verzweifelt, euphorisch, ironisch, ermunternd, resignativ, liebevoll etc.; in parallelem Stimmverlauf oder in Gegenstimmen (Kontrapunkten) zur Bewegung.

2. Die Bewegungsbegleitung kann *instrumental* ausgeführt werden.
Zur Eigenbewegung:
– mit Klangerzeugern aus dem „Orffschen Instrumentarium" (Handtrommeln, Klangstäbe, Schellenbänder, Fingerzimbeln, Rasseln)
– mit Klangerzeugern unkonventioneller Art – am Körper

festgebunden oder als Handgerät – (Objekte aus Metall, Styropor, Holz, Plastik in hohler oder massiver Form; vgl. „Objekte/Handgeräte“, S. 79)
– durch Klanggesten der Hände (knipsen, klatschen, gegen verschiedene Wand-, Boden-, Körperflächen schlagen/reiben, der Füße (stampfen mit ganzer Sohle, Ballen, Ferse, tippen mit oberem Zehenrücken usw.).

Zur Fremdbewegung (außer den oben genannten Instrumenten):
– mit „klingenden Stäben“ (einzelne Metallplatten auf Resonanzkörpern aus Plastik oder Holz), Pauken, Holzblocktrommeln, Tempelblöcken; Becken auf Ständer, Zimbeln, jeweils in verschiedenen Größen; Bongos, besonders geeignet bei metrisch gebundenen Abläufen, da zwei klangliche Abstufungen zur Verdeutlichung schwerer und leichter Taktteile möglich sind.

Ähnlich wie die zuerst genannte Begleitungsart eine intensive Erprobung von Stimmtechniken voraussetzt, so ist auch diese an vielfältige Entwicklung und Übung und an individuelle instrumentale Spieltechniken gebunden.
So könnten z. B. auf der Handtrommel folgende Artikulationsweisen erfunden und geübt werden:
– mit hartem/weichem Schlegel am Rand/in der Mitte des Fells schlagen
– mit Schlegelstock auf Trommelrand/auf Metallschrauben schlagen
– mit Handballen/Ellenbogen/Knie gegen Fell schlagen
– mit Fingerspitzen auf Fell „prasseln“
– mit Schlegel/Schlegelstock über Fell wischen; Fell an Stoff oder Bodenfläche reiben.
Bei der Begleitung eigener Bewegungsabläufe kann die Schlagfläche der Trommel unterschiedlich gehalten und in verschiedensten Körperhaltungen/-stellungen zum Klingen gebracht werden.

Entsprechend den Umsetzungsmöglichkeiten von Musik (vgl. S. 106ff.) kann eine Fremd- oder Eigenbegleitung zur Bewegung kongruent, analog oder kontrastierend verlaufen. Häufig wird eine Mischung der verschiedenen Begleitungsmöglichkeiten das Reizvollste sein. So kann z. B. eine lähmende Monotonie, die u. U. bei längerem synchronen Verlauf von Bewegung und Begleitung entsteht, durchbrochen werden durch:
– belebende Akzentuierungen, die nicht mit den sichtbaren Schwerpunkten zusammenfallen
– streckenweises Aussetzen der Begleitung, wobei der erwartete oder unerwartete Wiedereinsatz einen besonderen Reiz auslösen kann
– Wechsel der Klangfarbe innerhalb eines Begleitablaufs
– Wechsel von durchgehender Begleitung und sparsamen akzentuierenden Einwürfen.
Aus dem Wechsel gegenseitiger Bewegungsbegleitung könnte eine Partnerstudie entstehen, in der bei mehrmaligem Rollentausch von Begleitendem und sich Bewegendem auch das Begleitinstrument ausgetauscht wird. Die Aufgabe kann formal verstanden und realisiert (Bereich Gymnastik) oder auch mit Inhaltsaspekten versehen werden (Bereich Tanz) im Sinne einer „Gesprächsführung“ durch die Medien Bewegung (Partner A) und Klang (Partner B). Dabei können die Gesprächspartner z. B.:
– auf verschiedene Verständigungsschwierigkeiten stoßen aufgrund ihrer ungleichen Medien
– sich gegenseitig zum Narren halten
– eine gefundene Lösung den Zuschauern „weitersagen“ (Kommunikation mit den Zuschauenden bzw. Zuhörenden).

1. Voraussetzung zum Handeln: Wahrnehmen

Was kennzeichnet und bedingt Handeln im Bereich Gymnastik/Tanz?

Handeln wird verstanden als Aktivität, die durch Sinngebung und Auseinandersetzung mit der Umwelt (Einfluß nehmen und beeinflußt werden) gekennzeichnet ist.
Jeder Handlungsvorgang enthält kognitive, affektive und motorische Anteile – jeweils in unterschiedlicher Gewichtung und wechselseitiger Beeinflussung.
Im Bereich Gymnastik und Tanz umfaßt Handeln sowohl Aktivitäten, die auf die Einhaltung gesetzter Regeln und auf eine Wiedergabe von aufgenommenen (Bewegungs-)Informationen gerichtet sind (reproduktiver Aspekt), als auch solche Tätigkeiten, die eine Veränderung gegebener Regeln bzw. eigenständige Lösungsmöglichkeiten von fachspezifischen und auch fachübergreifenden Problemen ansteuern (produktiver Aspekt). Der produktive Handlungsansatz verwirklicht sich hauptsächlich in der Bewegungsgestaltung und in der Mitgestaltung von Gymnastik- und Tanzunterricht, d. h. im situativen und/oder permanenten Initiieren und Mitplanen von Unterrichtsaktivitäten.
Beide Handlungsansätze, der reproduktive und der produktive, greifen immer ineinander: z. B. fußt jede kreative Bewegungstätigkeit (vgl. „Bewegungsgestaltung", S. 133) auf bereits zum Repertoire des Gestaltenden gehörenden Bewegungsformen, die – je nach Absicht – anders („neu") verknüpft werden können.
Handeln steht in einem ständigen Wechselverhältnis zu sinnlichem Wahrnehmen, Erfahren, Begreifen und kritischem Reflektieren der eigenen Erfahrungen. Differenzierte Wahrnehmungsfähigkeit der Körpersinne wird – wie auch Reflexions- und Kritikvermögen – als Voraussetzung für individuum- und gruppenbezogene Handlungsfähigkeit angesehen. Beim Wahrnehmen erfolgt die Aufnahme von inneren und äußeren Reizinformationen, d. h. Signalen aus dem eigenen Körper bzw. aus der jeweiligen Umwelt, über verschiedene Sinneskanäle (kinästhetischer, visueller, auditiver und taktiler Kanal). Die gewonnenen Eindrücke werden nach bestimmten, im Verlauf der Lernprozesse immer differenzierter werdenden Unterscheidungsmerkmalen und Ordnungsprinzipien eingeordnet und gespeichert (z. B. nach zeitlichen, räumlichen, dynamischen Gesichtspunkten; nach Prinzipien wie Form, Gliederung, Gleichheit oder Ähnlichkeit von Bewegungsabläufen/Gegenständen/Ereignissen; nach Kausalzusammenhängen, z. B. Bewegung und Bewegungswirkungen).
Je nach den sich ändernden inneren und äußeren Wahrnehmungsbedingungen nehmen wir in „situationsbezogener Auswahl" anders wahr. Die individuelle Wahrnehmungsselektion und -differenziertheit hängt dabei von sich wechselseitig beeinflussenden Faktoren ab wie:
- Aufmerksamkeit, Bedürfnis, Interesse, Lust oder Unlust
- Erwartungen, Vorwegnahme (Antizipation) von evtl. eintreffenden Ereignissen/Situationen
- Alter, bereits gemachte Erfahrungen
- Persönlichkeitsstruktur
- Umweltbedingungen (Einflüsse aus/in Elternhaus, Schule, Freizeit; situative Gegebenheiten: Zeit, Ort usw.)
- entwickeltes Reflexionsvermögen.

Welche allgemeinen Zielsetzungen sind mit Wahrnehmungsdifferenzierung und -intensivierung als Voraussetzung für Handeln im Gymnastik- und Tanzunterricht verbunden?

Die Wahrnehmungsfähigkeit kann durch Übung verbessert werden. Wahrnehmungserziehung als allgemeine Grundlage kann in jedem Fachbereich oder auch fachübergreifend erfolgen.
Im Gymnastik- und Tanzunterricht wird durch Wahrnehmungsschulung eine Differenzierung des Bewegungs-, Seh-, Hör- und Tastsinnes angestrebt und damit eine Sensibilisierung der Selbst- und Fremdwahrnehmung. Eine differenzierte

Wahrnehmungsfähigkeit kann dazu beitragen, daß der Wahrnehmende sich selbst und seiner Umwelt gegenüber bewußter, aufgeschlossener, aufmerksamer und einfühlsamer wird. Wenn man die eigenen Aktionen und Reaktionen und die anderer differenziert wahrnehmen und verstehen kann, wird man angemessener auf sie reagieren können.
Durch Wahrnehmungsschulung kann die motorische Reaktionsfähigkeit auf unterschiedliche Reizeinflüsse wie Musik, Objekte/Materialien, Partner usw. verbessert werden. Dabei kann die Verbesserung in der Verkürzung von Reaktionszeiten (z. B. beim spontanen Umsetzen von Höreindrücken/Musikstücken in Bewegung) und in der Erweiterung von Reaktionsmöglichkeiten liegen. Ist jemand z. B. nicht daran gewöhnt, selbständig unvorbereitete bzw. nicht geplante Bewegungsaufgaben zu lösen, zeigen sich häufig Reaktionen, die sich in Handlungsunfähigkeit oder deren Überspielung durch Albernheit oder Aggressivität äußern. Solche Reaktionen können durch häufiges Üben – z. B. über selbständiges Lösen von zunächst eingegrenzten, später offeneren Bewegungsaufgaben – in einer vertrauten Gruppenatmosphäre mit der Zeit aufgehoben werden.
Durch Wahrnehmungsschulung kann die Kommunikations- und Ausdrucksfähigkeit verbessert werden. Wenn man die sprachlichen und die nichtsprachlichen (z. B. mimischen und gestischen) Äußerungen eines Partners nicht differenziert genug wahrnehmen und interpretieren kann, fehlt eine entscheidende Voraussetzung für das Gelingen einer Verständigung. Je größer die Sensibilität und Variationsbreite der Wahrnehmung, desto weiter werden die Grenzen, innerhalb derer man sich verständigen kann.

Was umfaßt und begründet Wahrnehmungskritik?

Wahrnehmungskritik beinhaltet: Wahrgenommenes bewußtmachen und artikulieren und Wahrgenommenes kritisch hinterfragen (reflektieren), einschätzen und beurteilen.
Dabei soll das Nachdenken und Sprechen über fachspezifische und fachübergreifende Themen und Probleme allerdings nicht zur Attitüde werden und u. U. den Spaß an gymnastischer bzw. tänzerischer Eigentätigkeit verderben. Es geht vielmehr in erster Linie darum, daß die in Verbindung mit Gymnastik und Tanz auftretenden Eindrücke, Erfahrungen, Schwierigkeiten usw. besprochen, analysiert und somit „handhabbarer" gemacht werden. Eine kritische Durchleuchtung von Wahrgenommenem innerhalb (und auch außerhalb) des Gymnastik- und Tanzunterrichts ist eine notwendige Voraussetzung,

– wenn eine Sensibilisierung der Körpersinne nicht nur als Selbstzweck erfolgen, sondern Bewußtseins- und Verhaltensänderungen in Gang setzen soll. Dies kann geschehen, indem z. B. unreflektierte Vorurteile (in bezug auf Handlungsformen in verschiedenen Gymnastikrichtungen bzw. Tanzstilen oder in bezug auf die im Unterricht beteiligten Personen usw.), „eingefahrene" Verhaltensgewohnheiten und verfestigte Handlungsmuster (z. B. Bewegungsstereotypien) vom einzelnen selbst erkannt bzw. im gemeinsamen Unterrichtsgespräch aufgedeckt werden:
– wenn der intentionale Hintergrund von Aktionen und Handlungsformen im Gymnastik- und Tanzunterricht durchschaut werden soll
– wenn in einer Arbeitsgruppe Verständigungsschwierigkeiten auftreten (z. B. bei der Erstellung einer Gruppenstudie) und die Gruppenmitglieder eine Bewältigung von gruppeninternen Problemen anzusteuern versuchen
– wenn Gymnastik und Tanz in ihrer Bedeutung und Aktualität, ihren Ausprägungen, Wertsetzungen und auch Auswüchsen durchleuchtet und eingeschätzt werden sollen (z. B. das

(108) Szene aus einer Tanzschule

(109) Gymnastik – Massenvorführung

Verhältnis zu anderen Sportarten; der Freizeitwert von Gymnastik und Tanz; Erscheinungsformen von Gymnastik und Tanz in Film oder Fernsehen, im Theater, bei Workshops, in der Diskothek oder Tanzschule, bei speziellen Aufführungen und Veranstaltungen wie z. B. der „Gymnaestrada" usw.).

Wozu dient die Schulung des Bewegungssinnes, und wodurch kann er sensibilisiert werden?

Kinästhesie heißt Wahrnehmung der Eigenbewegung des Körpers in Hinblick auf seine Raum-, Zeit- und Spannungsverhältnisse. Sie stellt eine wichtige Bedingung für motorisches Lernen dar. Die Schulung des Körperbewußtseins/der Kinästhesie dient dazu, das Bewegungsempfinden durch Übung sensibler und somit den Körper reaktionsschneller zu machen, um die Eigenbewegung immer genauer kontrollieren und koordinieren zu können. Damit verbunden ist sowohl die Entwicklung einer immer präziser werdenden Bewegungsvorstellung als auch die Erweiterung des Repertoires an Bewegungsmustern und deren Speicherung im Bewegungsgedächtnis.

Da keine Körperbewegung ohne Auswirkung auf den kinästhetischen Sinnesbereich bleibt, erfolgt eine Schulung des Bewegungssinns durch sämtliche Bewegungshandlungen im Gymnastik- und Tanzunterricht, schwerpunktmäßig jedoch durch folgende Aufgaben:

Ausprobieren, Wahrnehmen und Bewußtmachen von Aktions- und Einsatzmöglichkeiten einzelner Körperteile:
Körperbezogen (in unterschiedlichen Stellungen und Lagen):
– Ausprobieren von Bewegungsmöglichkeiten am Ort: Beugen, Strecken und Drehen von Becken, Rumpf, Schultern, Kopf, Ellenbogen, Handgelenk, Fingern, Knie, Fußgelenk, Zehen
– Ausprobieren von Bewegungsmöglichkeiten in der Fortbewegung: verschiedene Gang-, Lauf- und Sprungarten.

Objektbezogen (in unterschiedlichen Stellungen und Lagen):
– Ausprobieren von Möglichkeiten, mit verschiedenen Körperteilen Objekte zu bewegen, z. B. werfen, schieben, stoßen, ziehen, tragen, rollen, treten, schlagen
– unter Einsatz von Körperpunkten, z. B. Finger- oder Zehenspitze, Ellenbogen, Knie, Handgelenk
– unter Einsatz von Körperflächen, z. B. Brust, Rücken, Oberarm, Handrücken, -innenfläche (vgl. auch Kap. Objekte/Materialien)
Partnerbezogen: – Finden verschiedener Bewegungsmöglichkeiten gemeinsam mit einem Partner in verschiedenen Stellungen, Lagen, Fassungen, am Ort und in Fortbewegung.

Wahrnehmen und Bewußtmachen verschiedener Spannungszustände in der Körpermuskulatur:
Partielle Anspannung – partielle Entspannung/Lockerung, z. B.:
– in gespannter Stellung aufrecht stehend den Körper Stück für Stück entspannen bis zur völligen Entspanntheit (Bodenlage); impulsartig wieder aufrichten (gespannt) und wieder entspannen
– dasselbe umgekehrt und in Verbindung mit Fortbewegung
– ein bestimmtes Körperteil aktiv lockern (schütteln) und anschließend dieses, nicht das benachbarte Körperteil, entspannen/erschlaffen lassen

Totale Anspannung/Körperzusammenschluß – Totale Entspannung/Passive Lockerung durch Partner, z. B.: – A in totaler Entspannung, Augen geschlossen; B prüft Entspannungszustand durch vorsichtiges Lockern/Hochheben/Schütteln der einzelnen Körperteile, anschließend berührt B in unterschiedlichen Zeitabständen A an verschiedenen Körperteilen, die daraufhin von A angespannt und in Anspannung ge-

halten werden; dasselbe in anderer Ausgangslage (Sitz, Stand) und aus partieller Entspannung
- „Statuen bauen“ (zu Paaren oder in Dreiergruppen): A (Körperzusammenschluß) wird von B und eventuell C zu verschiedenen (grotesken) Figuren „verbaut“, die A jeweils nicht auflösen darf; auf akustisches Zeichen oder verabredeten Berührungsimpuls entspannt sich A partiell oder total.

Wahrnehmen unterschiedlicher Gleichgewichtslagen des Körpers; Verlagern des Körperschwerpunktes:

Verändern von Gleichgewichtslagen (von großen zu kleinen Unterstützungsflächen, von stabileren zu labileren Gleichgewichtslagen):
- im Liegen: Aus Rücken- oder Bauchlage in Seitlage rollen, mit und ohne Abstützen durch Hände; aus Seitlage zur „Schwebelage“ (auf seitlichen Rippenbögen und Hüfte)
- im Sitzen: Aus Lang- oder Grätschsitz zum Schwebesitz kommen mit gestrecktem Rücken und unterschiedlicher Beinhaltung, auf beiden Gesäßhälften sitzend/schwebend bzw. auf einer Gesäßhälfte sitzend/schwebend
- in hoher Lage in Verbindung mit Fortbewegung: Unterbrechung einer Fortbewegung durch einbeinige Stände und einbeinige Drehungen
- in tiefer Lage (Boden) in Verbindung mit Fortbewegung: Unterbrechung verschiedener Rollbewegungsformen, zum Beispiel während der Schulterrolle rückwärts anhalten, anschließend weiterrollen (in der Art von Einzelbildschaltungen im Film)
- in Gruppen: Kettenreaktionen auslösen, indem durch Schub/Druck/Stoß dem Nachbarn das Gleichgewicht genommen wird (in verschiedenen Lagen und Höhenstufen)

Wechsel von einer labilen Lage zur anderen, z. B.:
- von einem einbeinigen Stand zu einem anderen einbeinigen Stand (Beinwechsel) mit jeweils unterschiedlicher Körperhaltung
- von einer einbeinigen Drehung zu einer anderen (Beinwechsel)
- von einem einbeinigen Stand zu einer einbeinigen Drehung.

Wahrnehmen von Raumverhältnissen: – Körperbewegungen in den verschiedenen Raumdimensionen, -richtungen und -ebenen
- Körperhaltungen und -stellungen auf verschiedenen Höhenstufen
- weites oder enges Bewegungsausmaß (auch Bewegungsamplitude) bei Bewegungen am Ort und in Fortbewegung.

Wahrnehmen von Zeitverhältnissen: – Bezug von Körperbewegungen zu metrischen oder ametrischen Klangabläufen, z. B. gleichzeitig, nacheinander, mit zeitlicher Verschiebung usw. (vgl. auch Kap. „Musiktheoretische Grundlagen“).

Welche akustischen Phänomene können im Bereich Gymnastik/Tanz von Bedeutung sein?

Da Bewegungsabläufe mit verschiedenartigen Klangbeispielen gekoppelt werden können, ist die differenzierte Wahrnehmung von akustischen Phänomenen wie Eigenschaften von Klängen (Tondauer, Tonhöhe, Tonstärke, Artikulation und Klangfarbe) sowie mögliche Strukturen und Wirkungen von Klangereignissen eine notwendige Voraussetzung für ihre Umsetzung in Bewegung (vgl. Kap. „Musiktheoretische Grundlagen“). Das Anhören von Klangbeispielen kann z. B. unter folgenden Fragestellungen erfolgen:

In Hinblick auf die Tonhöhe: Bleiben die Klänge/die einzelnen Stimmen auf gleicher Höhe stehen/heben oder senken sie sich in die hohe, tiefe oder mittlere Lage?
In welchen Qualitäten wechseln die Töne/Tongruppen die Bewegungsrichtung, in melodisch kontinuierlichen Schritten oder durch kleine oder große Sprünge?

Sind die Tonhöhen verschiedener Stimmen trennbar, oder verschmelzen sie zu einer Tontraube (Cluster)?

In Hinblick auf die Tondauer: Sind metronomisch bestimmbare Zeitmaße/Maßeinheiten (Takte) erkennbar, oder sind die Zeitdauern schwer/nicht bestimmbar?
Lassen sich regelmäßig oder unregelmäßig wiederkehrende Schwerpunkte (Betonungen) heraushören?
In welchem zeitlichen Verhältnis stehen die Einsatzabstände der einzelnen Stimmen?
Kennzeichnet den agogischen Verlauf ein konstantes oder wechselndes Tempo; werden verschiedene Tempi kombiniert?

In Hinblick auf die Tonstärke: Ist die Tonstärke (Lautstärke) bei einem Klangbeispiel konstant, oder verändert sie sich punktuell (Terrassen-Dynamik) oder kontinuierlich (Crescendo-Dynamik)?

In Hinblick auf Klangfarbe und Artikulation: Ist die Klangfarbe/Artikulation der verschiedenen Stimmen/Instrumente gleich/ähnlich/kontrastierend?
Lassen sich die verschiedenen Klangfarben voneinander trennen, oder bilden sie eine untrennbare Farbpalette?
Ist die Klangfarbe bedingt durch die *Eigenart* des Klangerzeugers (Fell-, Saiten-, Blas-, Tasteninstrument, Stimme, Körperteile); durch das *Mittel* der Klangerzeugung (z. B. Trommel: Fingerkuppen, Fingernagel, Handballen, filz-, holz- oder kunststoffbeschichteter Schlegel, Holzstöcke; Hände: hohle Muschelhände, flache Innenhände, Mittelhandknochen, Fingerkuppen gegeneinander oder auf Boden/Stoff/Haut; Stimme: Mund, Lippen, Zähne, Zunge); durch den *Ort* der Klangerzeugung (z. B. bei der Trommel: am Fellrand, in der Fellmitte, am Metall- oder Holzgehäuse, am Gewinde); durch die *Artikulationsart* (z. B. bei Trommel: schlagen, wirbeln, reiben, wischen, gleiten, Gegenstände auf Fell/Gehäuse bewegen/prallen lassen; bei Stimme: sprechen, flüstern, summen, singen, husten, schreien, hauchen, säuseln, zwitschern, kreischen – jeweils in vielfältigen Modifikationsformen des Staccato oder Legato)?

In Hinblick auf Strukturen von Klangereignissen: Sind klare melodisch gebundene Formteile erkennbar oder nicht metrisch oder melodisch gebundene Gestalten, die sich prozeßhaft entwickeln/verändern?
Tauchen zwischen einzelnen Formteilen/Klanggruppen Beziehungen auf (durch Wiederholung, Ergänzung, Variierung, Kontrastierung)?
Sind Entwicklungen innerhalb von Klangprozessen erkennbar (Höhepunkte, Kontraste, Anbahnung von Schlüssen, „Endlos-Klänge", Verdichtung von Klangmaterial usw.)?

In Hinblick auf Klangwirkungen (aufgrund bestimmter Klangcharaktere): Wird der Rhythmus eines Klangbeispiels in seiner Wirkung zum Beispiel als zögernd, schwingend, ermüdend, aufputschend, einschläfernd, federnd, hüpfend, antreibend, schleppend empfunden?
Wird die Melodie eines Klangbeispiels zum Beispiel als melancholisch, träumerisch, „umherirrend", suchend, zielgerichtet, versponnen, jubelnd, übermütig empfunden?
Wie wirken sich gewollte und ungewollte Klänge aus der Umwelt (z. B. Wind, Regen, rollende und fliegende Verkehrsmittel, Maschinen, Stimmen von Tieren oder Menschen; Signale, Klangbeispiele aus Lautsprechern, störende Geräusche, die durch eine zweite oder dritte Gruppe im Raum verursacht werden) auf Bewegung, Stimmung, Aufmerksamkeit aus?
Aktiviert das im Unterricht eingesetzte Musikstück die persönliche Bewegungsbereitschaft?
Unterstützt es das rhythmisch-dynamische Bewegungsverhalten, oder stülpt es der Bewegungsgestaltung eines Ausführenden rhythmisch-dynamische Abläufe über, die mit dessen Gestaltungsintentionen überhaupt nicht übereinstimmen?

Schmälert es die Konzentration?
Bewirkt es eine oberflächliche Ausführung?

Wozu dient visuelle Wahrnehmungsschulung, und welche Phänomene können Gegenstand der Bewegungsbeobachtung im Bereich Gymnastik/Tanz sein?

Mit der visuellen Wahrnehmungsschulung, der Differenzierung des Bewegungssehens wird folgendes angestrebt:
- das Erkennen von unterschiedlichen Bewegungsansätzen, -ausführungen und Stilmerkmalen
- die Bildung von Bewegungsvorstellungen, d. h. von anschaulichen Mustern von bestimmten Bewegungsformen, -abläufen oder -handlungen im Bewußtsein des Wahrnehmenden; diese Bewegungsvorstellungen können – verbunden mit Bewegungsempfinden – zur Kontrolle von Eigenbewegungen beitragen
- die Fähigkeit zur Einschätzung, Beurteilung und Korrektur von eigener und fremder Bewegung
- die Fähigkeit zur Bewegungsimitation, d. h. Sehen und direktes Nachahmen fremder Bewegungen als Verbindung von Bewegungsbeobachtung und -handlung.

Die Bewegungsbeobachtung kann unter folgenden Fragestellungen erfolgen in Hinblick auf:

Fortbewegungsarten: Wird zum Beispiel gesprungen, gefedert, gelaufen?

Verschiedene Ausführungen der Fortbewegungsarten: Wie ist die Fuß-, Unterschenkel-, Becken-, Rumpf-, Kopf-, Armhaltung?

Angewandte Variationsformen der Fortbewegungsarten (vgl. S. 64–69): Werden die Haltungen der verschiedenen Körperteile verändert?
Wird das Tempo verändert?
Wird die Bewegungsart rhythmisiert ausgeführt?
Werden verschiedene Raumrichtungen – vorwärts, rückwärts, seitwärts, von unten nach oben – und/oder Raumebenen – sagittal, frontal, horizontal, diagonal – mit einbezogen?
Welche Gruppierungsformen (bei Gruppenstudien), Abstände, Ausrichtungen der Gruppenteilnehmer sind wahrnehmbar?
Wird die Intensität innerhalb eines Ablaufs verändert?
Wird der Bewegungsfluß unterbrochen? Wie wird er unterbrochen?

Bewegungsansätze: Sind Fehler erkennbar bei der Ausführung bestimmter haltungsschulender Übungen?
Ist der Bewegungsansatz aus Schultern, Becken, Fuß, Ellenbogen deutlich erkennbar, wird er undeutlich oder wechselt der Ansatz?

Bewegungsausführungen: Wird der beobachtete Bewegungsablauf zähflüssig, leicht, elastisch, fließend, stockend, schwerfällig ausgeführt?
Stimmt die Ausführung mit einer eventuell vorgegebenen Bewegungsform überein?

Strukturen von improvisierten oder komponierten Bewegungsabläufen: Werden Bewegungsmotive entwickelt/in der Entwicklung abgebrochen?
Treten sie in originaler oder variierter Form an anderer Stelle nochmals auf?
Sind Motive durch eine Überleitung verbunden, oder werden sie kontrastierend gegenübergestellt?

Objekt-/Materialeinsatz: Welche spezifischen Möglichkeiten werden bei den verwendeten Objekten, Materialien, Handgeräten (nicht) ausgeschöpft?
In welchen Funktionen werden die Objekte eingesetzt?

Beziehungen unter Partnern: Auf welche Weise nehmen die Partner in der Bewegung Beziehung zueinander auf: Verbal (Arten und Strukturen von sprachlichen Äußerungen) und/oder non-verbal (Ton, Lautstärke der Stimme, Gesichtsausdruck, Blickaustausch, Gestik, Körperhaltung und Körperbewegung des einzelnen, Körperkontakt)?

Wirkungen von Bewegungen (von besonderer Bedeutung im Tanz): Wirken die beobachteten Bewegungen aggressiv, prahlerisch, überzeugend, schüchtern, unsicher, tastend, übermütig, komisch, verkrampft, übertrieben, „echt" oder „unecht"? Stimmt der Bewegungsausdruck mit der Intention des Ausführenden überein?
Wie wirken Alltagsbewegungen von Personen in der Schule, auf der Straße, im Kaufhaus; Bewegungen von Personen im Fernsehen z. B. Showmaster, Puppen, Monster, Trickfiguren)? Wie wirken Alltagsbewegungen auf der Bühne im Vergleich zu Bewegungen, die auf speziellen Tanztechniken basieren?
Wie wirkt ein und dieselbe Gestaltung in anderer Räumlichkeit (z. B. Turnhalle, eng umgrenzter Raum, Rasenfläche, Aula-, Theaterbühne, offener Platz oder Straße); in anderen Lichtverhältnissen (heller oder dunkler Raum, Tageslicht, weißes oder farbiges Kunstlicht); in anderer Bekleidung (Trainingsanzug, T-Shirt und „Jazz-Hose", eng anliegendes Tanz-Trikot, Kostüm)?
Welche Wirkungen können bei Film- oder Fernsehwiedergaben von Choreographien entstehen, bei denen die Akteure von verschiedenen Seiten, von oben und unten, verkleinert, vergrößert, übereinander gelagert, in verschiedenartigen Beleuchtungs- und Belichtungseffekten zu beobachten sind?

Wie läßt sich das Bewegungssehen schulen?

Differenziertes Bewegungssehen ist die Grundlage für Analyse, Vergleich und auch Bewertung von Bewegungen. Es kann durch folgende Mittel geschult werden:

Durch Selbstbeobachtung: – auf rein visuellem Weg: Durch Videoaufnahmen – falls entsprechende Apparaturen vorhanden sind
– als Verbindung von motorischer und visueller Tätigkeit: Durch großen Wandspiegel; dieser ermöglicht – vor allem bei Bewegungen am Ort – eine direkte Eigenkorrektur. Andererseits können bestimmte Ausführungsqualitäten durch die Orientierung an einem Spiegel sehr eingeschränkt werden; so kann z. B. der Fluß eines Bewegungsablaufs „gebrochen" werden, wenn der auf den Spiegel fixierte Kopf nicht voll in die jeweiligen Bewegungen miteinbezogen wird; oder der Raum wird einseitig ausgenutzt, da immer Körperfront oder Körperseiten zum Spiegel zeigen müssen, wenn man sich sehen will

Durch Fremdbeobachtung: – auf rein visuellem Weg: Direktes Zuschauen bei demonstrierten Bewegungsabläufen, entweder bei der „Original"-Demonstration oder durch die Beobachtung von Video- bzw. Filmaufnahmen, Photos, Skizzen von Bewegungsformen und -abläufen anderer
– als Verbindung von motorischer und visueller Tätigkeit: Beobachtung und Nachahmung von Form, Ablauf und Charakter einer Partnerbewegung. Bei dieser Form des Bewegungssehens „verleibt" man sich die Fremdbewegung quasi ein.

Welche Gesichtspunkte sind bei der gleichzeitigen Wahrnehmung von hör- und sichtbaren Phänomenen von Bedeutung?

Soll das Verhältnis zwischen einer musikalischen Vorlage und der darauf bezogenen Bewegungsumsetzung beurteilt werden, so wird eine simultane Aufnahmefähigkeit für visuelle und auditive Eindrücke erforderlich. Das gleichzeitige Hören und Sehen von Musik- und Bewegungsabläufen kann unter folgenden Fragestellungen erfolgen:
Verläuft der beobachtete Bewegungsablauf bei einem Partner kongruent, analog oder kontrastierend zur Klangvorlage (vgl. Kap. Musiktheoretische Grundlagen)?

An welchen Stellen stimmen wahrnehmbare Gliederungsstrukturen (Formteile) in der Musik mit Formteilen der Bewegungsumsetzung von A (nicht) überein?
Begleitet A einen Partner parallel zu dessen Bewegungsrhythmus oder in freier ergänzender Form, oder zwingt er ihn zu einem schnelleren oder langsameren Tempo, gibt er (un-)deutliche Auftakte?
Wie rhythmisiert A das von B durch Klatschen, Trommeln etc. vorgegebene Taktgefüge in der Bewegung?
Welches von mehreren an der Tafel notierten rhythmischen Beispielen entspricht dem vorgeklatschten/-getrommelten Rhythmus?
Welche von mehreren graphischen Kurven entspricht dem Melodieverlauf des gehörten Musikstückes?
An welchen Stellen eines Musikbeispiels hat A/B/C ein verwendetes Objekt akustisch eingesetzt?

Wie kann der taktile Körpersinn aktiviert werden?

Beim taktilen (Berührungs-)Kontakt mit Gegenständen und Personen kann man seine Aufmerksamkeit z. B. auf folgende Aspekte richten:
Wie verändert sich der Tasteindruck, wenn ich statt mit einem Plastikball/Plastikstab mit einem Gummi-, Schaumstoffball/Holzstab arbeite?
Wie empfinde ich den Unterschied, wenn der Übungsraum sauber oder schmutzig ist, wenn ich mich barfuß, mit Gymnastik- oder Sportschuhen auf Holzfußboden, PVC-Boden, glattem Steinfußboden, rauhem oder weichem Teppichboden bewege; wenn ich mich im weitgeschnittenen Trainingsanzug oder eng anliegenden Trikot bewege, wenn ich meine Haare offen oder zusammengebunden trage?
Wie nehme ich – bei geschlossenen Augen – die taktilen Impulse eines Partners wahr und in meine Bewegung auf, wenn er mich zur Übernahme, zur Fortführung oder zur Unterbrechung eines Bewegungsimpulses veranlassen will?
Sind meine Berührungsimpulse für den Partner/die Partnerin eindeutig (auch wenn er/sie die Augen geschlossen hält): bei direkter Impulsübertragung durch Berührung mit verschiedenen Körperteilen (meinen Händen, meinen Schultern, meiner Hüfte usw.) oder bei indirekter Impulsübertragung mit Hilfe eines Objekts/Materials (z. B. Stock, Schnüre, Pappkiste)?
Ist meine stützende/drückende/haltende Hilfeleistung für den Partner effektiv, oder sollte ich eher meinen Krafteinsatz/Druckansatz/Griff ändern?
Wie empfinde ich den Unterschied von möglichen Körperkontakten mit Partnern im Gymnastik- und Tanzunterricht, in anderem Fachunterricht, in der Pausenhalle, auf dem Schulhof und im außerschulischen Bereich, z. B. in einer Diskothek, Tanzschule, auf einer Party?
Wie wirkt der Körperkontakt zu einem oder mehreren Partner(n), zu gleich- oder verschiedengeschlechtlichen Partnern auf mich, wenn ich emotionale Bindungen zu dem/den Partner/n habe?
Welche kommunikativen Möglichkeiten ergeben sich über Berührungskontakte im Vergleich zu Seh- und Hörkontakten?

Welche Aktivitätsformen umfaßt „Handeln“ im Bereich Gymnastik/Tanz?

Die Entwicklung von motorischer Handlungs-, insbesondere von Gestaltungsfähigkeit wird als ein wesentliches Ziel von Gymnastik- und Tanzunterricht angesehen. Handlungsfähigkeit bezieht sich dabei auf folgende Aktivitäten:

Gegebenes übernehmen und sich daran halten können (reproduktiver Aspekt): – Vorschläge/Pläne vorläufig akzeptieren, um sie nach einer längeren Phase des Kennenlernens und Erprobens zu befürworten/zu verändern/abzulehnen (z. B. Vor-

schläge bezüglich eines Unterrichtsinhaltes/einer bestimmten Arbeitsweise)
– Bewegungstechniken und -stile übernehmen

Von Gegebenem abweichen, es modifizieren können, Alternativen finden (produktiver Aspekt): – ein gegebenes Bewegungsthema variieren unter zeitlichen, dynamischen, räumlichen Aspekten, allein oder in Kooperation mit anderen
– eine gegebene Bewegungsfolge erweitern, z. B. Anfang und Schluß finden; einen Soloablauf zu einem Gruppenablauf umformen
– dieselben akustischen/visuellen/taktilen Impulse immer wieder anders umsetzen/beantworten/weiter fortführen
– alternative Vorschläge einbringen, z. B. in bezug auf bisher noch nicht im Unterricht verwendete Objekte/Materialien; auf ein Musikstück für eine Bewegungsimprovisation; auf festzulegende Kernteile für eine Bewegungsstudie; auf bestimmte Prüfungsbedingungen/-situationen, die im Unterricht schon vorweggenommen und besprochen werden können; auf eine Verbesserung des Unterrichts- und Arbeitsklimas/des Lehrer – Schüler oder Schüler – Schüler-Verhältnisses, besonders in Konfliktsituationen
– Alternativvorschläge in Hinblick auf Praktikabilität und Durchsetzbarkeit hin prüfen.

Aktivitäten/Übungsprozesse selbständig und eigenverantwortlich initiieren, planen und ausführen (auch in Zusammenarbeit mit einer Gruppe, produktiver Aspekt):
1. ein *5- bis 10minütiges Trainingsprogramm* ausarbeiten:
– in dem eine ausgewählte Bewegungseigenschaft gezielt verbessert wird (z. B. Verbesserung des Bewegungsflusses bei der Verbindung von Formen des Gehens/Springens und Drehens am Boden)
– mit dessen Hilfe bewegungstechnische Merkmale einer ausgewählten Tanzstilart geübt/verbessert werden
– in dem Aspekte einer gegebenen Bewegungsaufgabe unter anderen Bedingungen wiederholt werden (z. B. anstelle von Würfen mit dem Ball – Würfe mit dem Seil/einem Bettuch usw.)
– in dem ein besprochenes und bei der Arbeit *ohne* Objekt/Material realisiertes Gestaltungskriterium auf die Bewegung *mit* einem Objekt übertragen wird (z. B. Wechsel von regelmäßig und unregelmäßig wiederkehrenden Schwerpunkten/Akzentuierungen in der Körperbewegung übertragen auf Bewegungsformen mit dem Band)

2. ein *gegebenes Bewegungsthema* alleine oder in einer Kleingruppe ausarbeiten

3. Themen für eine *Gruppengestaltung* und Kriterien zur Bearbeitung in gemeinsamer Beratung finden; Meinungsbildung und Abstimmung initiieren. Gemeinsame Ausarbeitung und praktische Durchführung einer Gestaltungskonzeption bei gleichmäßiger Teilung der Aufgaben

4. Möglichkeiten vorschlagen, *die Reflexions- und Handlungsphasen innerhalb der Gruppe* intensivieren/verändern; z. B. erforderliche Veränderungen vornehmen (Personentausch/Funktionsaustausch/Geräteaustausch usw.) zugunsten eines gemeinsamen Konzepts zu einer Bewegungsgestaltung.

Sich einlassen können auf unbekannte materielle und personelle Erfahrungen: – sich einlassen auf eine Gymnastik-/Tanzstunde in veränderter Umwelt (Klassenraum, Treppenhaus, Pausenhalle, bestuhlte Aula), wenn die Turnhalle für kurze oder sogar längere Zeit gesperrt ist. Stühle, Tische (seitlich, hochkant oder auf den Kopf gestellt), Treppengeländer, Betonpfeiler, Fensterbänke, Wände mit engen Zwischenräumen im Treppenhaus usw. können reizvolle Bewegungsanregungen bieten
– sich einlassen auf das Fehlen des – vermeintlich unentbehrlichen – Tonbandgerätes oder Plattenspielers bei der Arbeit

an einer Bewegungskomposition, der ursprünglich ein Musikstück zugrunde liegt; die „stille“ Situation kann z. B. genützt werden, entweder um zu testen, ob man das früher gehörte rhythmische Gefüge durch einen der Vorlage entsprechenden „inneren“ Rhythmus zu ersetzen imstande ist; oder zu erfahren, daß die ungewohnte Stille ein um so deutlicheres, sichtbares rhythmisch-dynamisches Bewegungsverhalten erfordert und auch provozieren kann

– sich einlassen auf einen anderen Partner als den ursprünglich für eine Bewegungskomposition ausgewählten, der aus irgendwelchen Gründen nicht einsatzfähig ist; auch wenn manches anders und evtl. jetzt weniger gut gelingt, so kann man doch wichtige Erfahrungen bezüglich der Schwierigkeiten bei personeller Umbesetzung gewinnen

– sich einlassen können auf eine Lehrperson, die dem Schüler ungewohnt ist bezüglich ihrer Verhaltensweisen, Vorstellungen und Meinungen in Hinblick auf Unterrichtsinhalte und -prozesse, nicht im Sinne einer kritiklosen Anpassung oder einer bedingungslosen Annahme fremder Forderungen, sondern in dem Sinne, daß man nicht von vornherein Ungewohntes abblockt und Vorurteile aufbaut.

Anderen helfen und sich selbst helfen lassen: – mit dafür Sorge tragen, daß die technischen Objekte intakt/vorhanden sind zu Beginn oder während einer Unterrichtsstunde (Tonbandgerät, Schallplattenspieler, Kleingeräte)

– sich gegenseitig beobachten und anderen bei der Verbesserung von Bewegungsausführungen/-abläufen helfen (vgl. Bewegungsbeobachtung/-korrektur S. 129)

– als „Lückenbüßer“ in einer Gruppe einspringen, die sich seit längerer Zeit um eine gemeinsame Gestaltung bemüht

– mit einem anderen außerhalb der Unterrichtszeit üben, wenn er wichtigen theoretischen oder praktischen Unterrichtsstoff versäumt oder wenn er Schwächen im Bewegungsbereich hat, die man helfen kann auszugleichen.

2. Gestalten

Was versteht man unter Bewegungsgestaltung im Bereich Gymnastik/Tanz?

Der Begriff Bewegungsgestaltung wird unterschiedlich definiert:

1. Bewegungsgestaltung kann als individuelle Ausformung einer erlernten Bewegungsfertigkeit verstanden werden. Hierbei liegen die Schwerpunkte im Nachgestalten der Struktur eines vorgegebenen, „normierten" Bewegungsablaufs (als Könnens-Erwerb) und in der Verbesserung der Bewegungsausführung (Perfektionierung). Das Aus- bzw. Nachgestalten von gegebenen Bewegungsformen und -abläufen kann sich in Form von „wörtlicher" Reproduktion vollziehen – hierbei wäre die „Gestaltung" genau vorprogrammiert –, kann aber auch bereits mit einer räumlichen, zeitlichen und/oder dynamischen Variation (Umgestaltung) der gegebenen Vorlage verbunden sein. Hierbei wird zwar der Charakter der Bewegungsvorlage in einigen Aspekten verändert, ihre ursprünglichen Grundstrukturen bleiben jedoch erhalten.

2. Bewegungsgestaltung kann als produktive Tätigkeit verstanden werden. Hierbei liegt der Schwerpunkt auf dem Neugestalten von Bewegungsformen und -abläufen, häufig verbunden mit der Entwicklung eines persönlichen Bewegungsstils. Bewegungsgestaltung kann sowohl Vorgang sein, wie auch als Endergebnis verstanden werden.
Mit Gestaltung als *Vorgang* ist der Produktions*prozeß*, das spontane, flüchtige Suchen, Erfinden, Wiederfallenlassen, Neu-Erfinden, Verknüpfen, Verändern von Bewegungsformen, -ansätzen, -ideen usw. gemeint.
Mit Bewegungsgestaltung als *Endergebnis* ist das *wiederholbare Produkt* eines Produktionsprozesses gemeint, die eigenständige, bewußte und deutliche Strukturierung von schon im eigenen Bewegungsrepertoire vorhandenen Bewegungsformen nach räumlichen, zeitlichen und dynamischen Gesichtspunkten.
Betont man stärker den spontanen, nicht vorgeplanten Gestaltungsvorgang, den offenen, unvorhersehbaren Prozeß der Bewegungserfindung und -formung, soll von *Improvisation* gesprochen werden. Dabei ist der Handlungsvollzug, der Vorgang der ständigen Wandlung und Veränderung ausschlaggebend. Das Erfinden und Ausführen von (Bewegungs-)Formen erfolgt simultan, ohne schriftliche Fixierung. Der Zufall ist hier ein mitbestimmendes Element. Das bedeutet, daß Improvisation immer mit Risiko verbunden ist, eine „Ende-offen-Situation", deren Ablauf nicht im voraus planbar ist und die damit von den beteiligten Personen ebenfalls Offenheit, Sich-überraschen-lassen-Können, Mut zu eigenständigen Handlungen und spontanen (Bewegungs-)Entscheidungen, Mut zum Abgehen von bereits bewährten und erprobten Bewegungsmustern und traditionell gebundenen Formen verlangt. Steht das Produkt im Mittelpunkt, soll der Begriff *Komposition* verwendet werden.
Je nach Zielsetzung kann Bewegungsgestaltung als Improvisation und/oder als Komposition schwerpunktmäßiger Inhalt produktiven Handelns im Bereich Gymnastik und Tanz sein. Da Bewegungsgestaltung ein komplexer Handlungsbereich ist, werden in ihm Denk-, Wissens-, Vorstellungs- und Phantasieaspekte, emotionale, motivationale, soziale und kommunikative neben den motorischen Komponenten wirksam. Darauf beziehen sich auch die Ziele, die mit Bewegungsgestaltung im Gymnastik- und Tanzunterricht verfolgt werden (vgl. S. 173).

In welchen Formen kann Improvisation im Gymnastik- und Tanzunterricht erscheinen?

1. (Bewegungs-)Improvisation kann ein explorativer, spielerischer *Erfahrungsprozeß* sein, ein Suchen, Ausprobieren, Experimentieren mit den Bewegungs- und Ausdrucksmöglichkeiten des Körpers mit dem Ziel der Wahrnehmungssensibilisierung. Im Verlauf dieses Prozesses nimmt der Improvisierende verschiedene Eindrücke auf, erfährt seine je-

(110) Beim Suchen und Erproben von Lösungsmöglichkeiten zum Thema „Heben, Tragen“

weilige (konkrete) Umwelt mit seinen Körpersinnen, lernt, diese Sinneseindrücke (optische, akustische, taktile und vor allem in der Bewegung kinetische) zu unterscheiden und – mit fortschreitender Erfahrung – immer weiter zu differenzieren (vgl. Wahrnehmungsschulung im kinästhetischen, auditiven, visuellen und taktilen Bereich, S. 125 ff.).
2. Darüber hinaus kann Improvisation aber auch spontaner, sich ständig verändernder, „flüchtiger" *Gestaltungsprozeß* („Spontangestaltung") und als solcher Unterrichtsinhalt sein mit dem Ziel, improvisieren zu können. Sowohl als Explorations- und Erfahrungs- als auch als spontaner Gestaltungsprozeß – beide sind nicht scharf voneinander abzugrenzen – kann Improvisation auch ein Mittel sein, um zu einer (Bewegungs-)Komposition, einem Produkt, einer „fertigen" Studie als Ergebnis des Gestaltungsprozesses zu gelangen.

Welche Handlungsformen bestimmen die Erarbeitung einer Bewegungskomposition?

Auf dem Weg zu einer eigenständigen Bewegungskomposition als Endergebnis eines Gestaltungsprozesses lassen sich je nach Ausgangspunkt zwei Wege unterscheiden:

1. Der erste Weg führt über die Reproduktion von festgelegtem, „von außen" vorgegebenem Bewegungsmaterial und dessen eigenständiger Variation und Kombination zu einer Komposition, einer Bewegungsstudie. Das heißt im einzelnen:
– *Erlernen der Grobform* der vorgegebenen Bewegungsformen
– *Üben* der Bewegungsformen zwecks Festigung und Automatisierung des Bewegungsablaufs, ggf. bis zur Feinform. (Das Erreichen der Fein- oder gar Feinstform ist allerdings keine Vorbedingung für das Gelingen von Bewegungsgestaltung, weder für Improvisation noch für Komposition. Gestaltung ist durchaus möglich mit Bewegungsformen, die erst in der Grobform beherrscht werden.)
– *Variieren* und Weiterentwickeln der erlernten Bewegungsformen durch Veränderung räumlicher, zeitlicher, dynamischer und/oder formaler Strukturen; durch Änderung der Personenanzahl; durch Hinzunahme oder Austausch eines Objekts/Materials usw.
– *Kombinieren* der verschiedenen Bewegungsformen und -motive und ihrer Variationsformen unter bewußter Berücksichtigung ausgewählter Gestaltungskriterien (s. S. 170 ff.).
Bei diesem Weg sind verschieden große Anteile von vorgegebenen, zu reproduzierenden Bewegungsformen denkbar. Die Bandbreite kann von der Vorgabe eines Mini-Elements (z. B. eines Schrittmotivs) bis zu einem längeren Bewegungsablauf (z. B. einer Pflichtübung aus dem Bereich der Rhythmischen Sportgymnastik oder einem Folkloretanz) als Vorlage für weiteres eigenständiges Variieren und (Neu-)Komponieren reichen. Hier wird die enge Verzahnung von reproduktiven und produktiven Handlungsaspekten deutlich.

2. Der zweite Weg führt über die Improvisation als Exploration und „Spontangestaltung" zur Komposition. Das heißt im einzelnen:
– *spielerisches Suchen, Ausprobieren,* Sammeln von Erfahrungen und Eindrücken mit/über verschiedene(n) Handlungs- und Ausdrucksmöglichkeiten in der Bewegung
– *(Er)Finden und „Festhalten"*/Im-Gedächtnis-Behalten von Bewegungsformen, -motiven und kleinen -abläufen
– *Wiederholen, Üben,* unter Umständen *Verbessern* der durch Explorieren/Improvisieren gefundenen Bewegungsformen.
Dieses Üben der selbst gefundenen Bewegungsformen und -abläufe ist eine Form der Reproduktion innerhalb des Produktionsprozesses, in dessen Verlauf sich improvisatorische und reproduktive Anteile abwechseln, gegenseitig durchdringen und ergänzen.
– *Variieren und Kombinieren* der gefundenen und ausgewählten Bewegungsmotive und -themen
– *Komponieren/Gestalten* des erarbeiteten Bewegungsmate-

rials unter bewußter Berücksichtigung ausgewählter Gestaltungskriterien
– *Reproduzieren, Wiederholen, Festigen* der eigenen Bewegungskomposition
– u. U. erneutes *Überarbeiten,* Verändern, Umgestalten der Studie.
Bei beiden genannten Wegen sollten die einzelnen Gestaltungsphasen immer wieder ergänzt werden durch gegenseitige Beobachtung, Reflexion und Gespräch, z. B. über vorhandenes bzw. erarbeitetes (Bewegungs-)Material, über die mögliche Anlage, Planung und das Ziel der jeweiligen Komposition, über Schwierigkeiten und Hindernisse beim Gestaltungsprozeß, über Veränderungs- und Verbesserungsmöglichkeiten. Das heißt, daß sich Phasen des Nachdenkens und miteinander Sprechens immer wieder abwechseln sollten mit Phasen des Suchens, Ausprobierens, Findens, Festhaltens, Wiederholens, Übens, Veränderns, Zusammenfügens.

Welche Schwierigkeiten und Probleme können bei Gestaltungsprozessen beim einzelnen und in der Gruppe auftauchen, und wie können sie überwunden werden?

Hindernisse und Schwierigkeiten beim Gestalten von und mit Bewegung können auf verschiedenen Ebenen liegen.
Auf der Fertigkeitsebene: – mangelndes bzw. noch ungeschultes Körper- und Bewegungsempfinden
– Haltungs-, Reaktions- und Koordinationsschwierigkeiten in der Bewegung, letzteres vor allem bei der Einbeziehung von Objekten/Materialien
– noch nicht genügend ausgebildete Bewegungsqualitäten (mangelnde Bewegungsgenauigkeit, -weite und -intensität, so daß durch undeutliche und ungenaue Bewegungsausführung die jeweilige Gestaltungsabsicht nicht klar erkennbar wird)
– „Festgefahrensein" in Bewegungsstereotypien
– geringe Bewegungserfahrung, unterschiedliches bewegungstechnisches Repertoire (z. B. A hat erhebliche bewegungstechnische Defizite, B betreibt Gymnastik als Leistungssport, C nimmt privat Ballettunterricht)

Auf der Phantasie- und Vorstellungsebene: – noch ungenügend ausgeprägte Bewegungsvorstellungen in Hinblick auf räumliche, zeitliche, dynamische und formale Variationsformen von Bewegung
– Mangel an Bewegungseinfällen (die Gründe dafür können vielfältig sein: z. B. zu starke Konsumentenhaltung, undifferenzierte Wahrnehmungsfähigkeit, aber auch momentane, situative Unlust, sich gestört, unwohl fühlen, usw.)

Im psychischen und kommunikativen Bereich: – Antriebsschwäche, Passivität, Motivationsmangel (Antriebsschwäche kann ihre Ursache haben in Hemmungen, Angst, sich zu blamieren, geringem Selbstwertgefühl, Antipathie gegen Gruppenmitglieder, negativen Erfahrungen mit Gruppenarbeit; situationsbedingten Umwelteinflüssen usw.)
– ablehnende Einstellungen der Kursteilnehmer gegenüber Partner- und Gruppenarbeit schlechthin (z. B. aufgrund eines individualistischen Standpunktes, der Partnerarbeit nicht für wichtig erachtet oder aufgrund von Konkurrenzdenken)
– divergierende Interessen der Gruppenteilnehmer (z. B. in Hinblick auf Unterrichtsinhalte oder Konzeptionen für eine gemeinsame Gestaltung)
– unterschiedliche Verhaltensweisen während der Gruppenarbeit (z. B. dominantes, passives, konstruktives, destruktives Verhalten einzelner).

Möglichkeiten zur Bewältigung der genannten Probleme können nicht rezeptartig aufgelistet werden. Nachfolgend werden nur einige Beispiele angeführt, die erneut die wechselseitige Abhängigkeit von Wahrnehmungs-, Reflexions- und Handlungsprozessen deutlich machen:
– aufmerksame Beobachtung von eigenen und fremden Prä-

gungen, Schwierigkeiten, Fähigkeiten, Interessen, Verhaltensweisen usw. während verschiedenster Unterrichtssituationen (vgl. Wahrnehmung, S. 121 ff.)

– Meinungsaustausch über diese Beobachtungen. Das Reflektieren von Prozeßverläufen durch alle Beteiligten ist eine notwendige Bedingung, wenn eine Arbeitsgruppe zu einer offenen Verständigung kommen will. Divergierende Denk- und Verhaltensweisen, die Gruppenarbeit beeinträchtigen, können nur *innerhalb* einer Gruppe verändert oder beeinflußt werden. Wie die Wahrnehmung von und Rückmeldung über Verhaltensweisen in der Gruppe nur durch und mit Partner(n) möglich ist, sosehr ist der Prozeß der Entwicklung, Regulierung und Veränderung an die beteiligten Partner gebunden und durch sie bestimmt.

– Geduld sich selbst und anderen gegenüber, wenn man sich auf einen langfristigen Entwicklungsprozeß einlassen will. Diese Geduldsprobe erweist sich dann als besonders hart, wenn über eine längere Zeit keine Veränderung spürbar oder sichtbar wird, d. h. Frustrationen ertragen werden müssen (Frustrationstoleranz; z. B. wenn der Aufbau einer Bewegungsstudie aus unterschiedlichsten Gründen nicht so vorangeht wie geplant); auch bei behindernden Faktoren wie z. B. tatsächlichem oder vermeintlichem Zeitmangel, nach kurzen Zeiträumen immer wiederkehrende Zensurengebung, einer zu starken Fixierung auf möglichst schnell zu erreichende Resultate, ist es wichtig, sich ständig neu bewußt zu machen, daß Entwicklungsprozesse Geduld und Zeit brauchen.

– aufeinander zugehen; Gruppenarbeit – angefangen vom Kennenlernen über unterschiedliche Arten der verbalen und non-verbalen Kontaktaufnahme bis zur gemeinsamen Entwicklung von Arbeitsweisen, Lösungsstrategien und Konzepten – hängt nicht in erster Linie von der Beherrschung technischer Fertigkeiten ab, sondern eher von gegenseitigem Akzeptieren und Ermutigen.

Welche Rolle spielen Bewegungsantizipation, Bewegungsgedächtnis und Bewegungsphantasie bei der Bewegungsgestaltung?

Bewegungsantizipation und Bewegungsgedächtnis bezeichnen mentale Vorgänge bzw. Instanzen, die auf Bewegungserfahrung und bereits erlernten Bewegungsmustern basieren. Sie stehen in enger Beziehung zueinander und sind – häufig in Verbindung mit Bewegungsphantasie – wichtige Voraussetzungen für eine Realisierung motorischer Handlungen.

Bewegungsantizipation: Antizipieren bedeutet „in der Vorstellung vorwegnehmen“. In bezug auf Bewegungskomposition heißt Antizipation: Formale, räumliche, zeitliche und dynamische Merkmale von selbst produzierten oder übernommenen Bewegungsabläufen/-studien und deren mögliche Wirkungen „innerlich“, gedanklich bzw. vorstellungsmäßig vorwegvollziehen (z. B. Beschleunigungen, Verlangsamungen, Höhepunkte, Ablauflängen usw. von Klangvorlagen). In bezug auf Bewegungsimprovisation heißt Antizipation: Zusammenhänge von Eigen- und Fremdbewegung vorwegnehmen/voraussehen (z. B. Personenballungen im Raum bei einer Gruppenimprovisation; Gefahr von Behinderungen/Zusammenstößen bei der Arbeit mit Objekten/Materialien).

Bewegungsgedächtnis: Das Bewegungsgedächtnis bezeichnet eine Fähigkeit zur Speicherung und Wiedergabe von Bewegungsformen und -vorstellungen, die aufgrund bereits erlernter Bewegungen gebildet werden und somit grundsätzlich realisierbar sind, d. h. nicht nur in der Phantasie bestehen.
In der Bewegungsgestaltung hat das motorische Gedächtnis eine wichtige Funktion bei folgenden Handlungsformen:
– beim Improvisieren und Festhalten (das bedeutet: wiederholen können) von improvisierten Bewegungsmotiven und -themen
– beim Erarbeiten von Bewegungsverbindungen (z. B. Behalten von unterschiedlichen Raumwegen/Bewegungsrichtun-

gen/unterschiedlichen Einsätzen in verschiedenen Zeitabständen innerhalb eines Gruppenablaufs)
– beim Reproduzieren von kürzeren oder längeren Bewegungskompositionen
– beim Beurteilen von (beobachteter) Bewegungsgestaltung, d. h. sich an Art und Ablauf, an Vorgänge, Situationen und Ereignisse innerhalb von Bewegungsgestaltungen erinnern, bei denen man entweder „aktiver" Teilnehmer oder lediglich Beobachter war.

Bewegungsphantasie: Bewegungsphantasie bedeutet die Fähigkeit, sich „neue" Bewegungen und Bewegungsverbindungen vorzustellen bzw. auszudenken. Diese Vorstellungen müssen nicht unbedingt auf vorhandenem motorischem Erfahrungsbestand basieren oder in der Praxis realisiert werden.
Als Form kreativer Vorstellungstätigkeit für die eigenständige Bewegungsgestaltung hat die Bewegungsphantasie eine zentrale Funktion: z. B. bei der Erfindung und Realisierung von bisher noch nicht praktizierten, mitunter auch unkonventionellen Bewegungsformen, Gestaltungsideen und ihrer einfallsreichen Veränderung und Verknüpfung, solistisch oder in Partner- oder Gruppenarbeit, auch unter anders-/neuartiger Verwendung und Verbindung verschiedener Objekte und Materialien.

Was bedeutet Bewegungsentwicklung in Hinblick auf Bewegungsgestaltung?

In Hinblick auf Bewegungsgestaltung bezieht sich Bewegungsentwicklung weniger auf die fortschreitende Verbesserung der Bewegungsausführung von Bewegungsformen oder -abläufen (Grob-, Fein-, Feinstform), sondern in erster Linie auf die allmähliche Entfaltung, auf die Verarbeitung von Bewegungsgrundmaterial, d. h. von Kernmotiven als kleinsten Einheiten für Bewegungsgestaltung. Die in der Materialsubstanz liegenden „Keime" (z. B. ein bestimmter Fußansatz; Seitkörperwelle; Halbkreis- und Kreisschwünge des Rumpfes) werden unter unterschiedlichen räumlichen, formalen, rhythmischen, tempomäßigen und dynamischen Aspekten weiterentwickelt, umgeformt, verändert (verkürzt, verdichtet, ergänzt), ohne oder mit Einbezug von Materialien, Partnern usw.
Das bedeutet, daß man beim Aufbau einer Bewegungskomposition nicht unbedingt eine Vielzahl von Bewegungsmotiven und -themen benötigt, die in buntem Wechsel rein additiv aneinandergereiht werden, sondern daß auch ein und dasselbe Motiv auf seine verschiedenen Entfaltungs- und Veränderungsmöglichkeiten hin „untersucht" und verarbeitet werden kann, bevor ein Motivwechsel aus der Weiterentwicklung des ursprünglichen Motivs erfolgt.

Beispiel: Eine Kreiseldrehung, deren Drehgeschwindigkeit in unterschiedlichen Zeitdauern gesteigert und wieder zurückgenommen wird, zunächst am Ort, dann in der Fortbewegung in Verbindung mit gesprungenen Drehungen, dann auf verschiedenen Höhenstufen (levels), schließlich übertragen auf einzelne Körperteile (Kopf-, Becken-, Armkreisel, als Reduzierung der in den Bewegungsansatz einbezogenen Körperteile); Entwicklungsmöglichkeiten für dasselbe Motiv innerhalb einer Gruppenimprovisation: A „erfindet" das Dreh-(Kreisel-)Motiv, B imitiert es, behält es bei und verändert es in Hinblick auf Tempo, Dynamik und/oder Raumdimensionen, selbst wenn A das Motiv schon wieder aufgegeben oder mit einer anderen Drehungsform (z. B. um die Querachse) begonnen hat.
Mit Hilfe des Gestaltungsprinzips Bewegungsentwicklung kann außer einer simplen Reihung/Addition von Bewegungsmotiven auch dem bekannten, in vielen Gestaltungsprozessen auftauchenden Ideenschwund (oder -mangel) vorgebeugt werden. Im Kontrast dazu stehen die Gestaltungsvorschriften der Rhythmischen Sportgymnastik mit ihrer Forderung nach Vielfalt und Addition von unterschiedlichen Bewegungselementen (vgl. S. 12–15).

(111a–d) „Dynamische Steigerung“ als Beispiel für Bewegungsentwicklung, hier dargestellt durch Schwungbewegungen mit einem Tuch

Welche Ansatzmöglichkeiten für Bewegungsgestaltungen gibt es im Bereich Gymnastik/Tanz?

Die im folgenden genannten Gestaltungsansätze gelten, unter Berücksichtigung von auszuwählenden Gestaltungskriterien (siehe folgende Leitfrage), als Ausgangspunkte für Bewegungsimprovisation und -komposition. Einzel- oder Gruppenimprovisation können dabei als selbständiger, spontaner Gestaltungsprozeß im Mittelpunkt stehen, ohne daß ein Gestaltungsprodukt angestrebt wird. Andererseits können über Improvisationsaufgaben kurze, gegliederte, wiederholbare Bewegungsabläufe erarbeitet und festgelegt werden (Bewegungsstudien als Bewegungskompositionen).
Aus der Vielfalt der Ansätze sollen einige Beispiele aufgeführt werden, die keineswegs erschöpfend sind, sondern vielleicht dazu anregen, selbst nach weiteren Ausgangspunkten für Bewegungsgestaltung zu suchen. Die genannten Gestaltungsansätze können einzeln, aber auch in Kombination miteinander verwendet werden.

Ausgangspunkt: Bewegungsmöglichkeiten des Körpers: z. B.
– ausgewählte Bewegungsformen und Fortbewegungsarten, einzeln oder in Kombination miteinander, z. B. Verbindung von Laufen, Federn, Springen mit wechselndem Spannungsgrad der Rumpf- und Extremitätenmuskulatur; Verbindung von Teil- und Ganzkörperwellen mit Drehungen in verschiedenen Höhenstufen
– Bewegungsformen unter ausgewählten funktionellen Gesichtspunkten, z. B. Beweglichmachung des Schultergürtels unter Einbeziehung verschiedener Raumdimensionen; Kräftigung der Bauchmuskulatur unter dynamischem Aspekt (vgl. Abb. 55)
– Bewegungsmöglichkeiten eines bestimmten Körperteils, z. B. Seit-, Vor-, Rückverschieben, Kreisen, Kippen, Aufrichten usw. des Beckens, in verschiedenen Körperstellungen und Lagen, am Ort und in Fortbewegung, in unterschiedlichen Tempi (vgl. Photo zum Abschnitt Jazztanz, S. 31 f.), Vorherrschende Bewegungen im Fuß, Kopf/Hals, Brustkorb, in einer oder beiden Händen.

Ausgangspunkt: Handgeräte/Objekte/Materialien, z. B.:
– Verbindung von Rollen und Springen mit Reifen (vgl. Abb. 111 b)
– Fortbewegungsmöglichkeiten mit einem Seil in ständigem fließendem Wechsel von hoher und tiefer Bewegungsebene im Raum (111 c)
– Dehnen und Rollen mit einer Zauberschnur in wechselnder Bewegungsintensität und verschiedenen Bewegungstempi
– Erprobung verschiedener Materialeigenschaften und Verwendungsmöglichkeiten von Bettüchern.

Ausgangspunkt: Rhythmus- oder Klangbeispiel, z. B.: – ein improvisierter rhythmischer Ablauf, instrumental ausgeführt durch Klangerzeuger verschiedener Art, vokal ausgeführt durch Verwendung verschiedener Sprachelemente oder durch Einsatz von körpereigenen Klanggebungsmöglichkeiten
– ein komponiertes Klangstück unter einem oder zwei ausgewählten Aspekten (z. B. Umsetzung ausgewählter Eigenschaften oder Strukturen von Klangbeispielen).
Der Gruppenablauf in Abb. 114 a–f (Ausschnitte aus einer Bewegungskomposition) basiert z. B. auf einer Eigenbegleitung durch Klanggesten und stimmliche Klangäußerungen, wobei ausgewählte Sprachelemente (Silben und Wörter) unter kommunikativem Aspekt eingesetzt werden.

Ausgangspunkt: Ein bestimmtes Gestaltungs- oder Ausführungskriterium (vgl. Gestaltungskriterien, S. 170; Ausführungskriterien, S. 171 f.), z. B.: – *räumliche Kontraste:* hoch – tief, weit – eng, groß – klein, rund – eckig, kurvig – geradlinig, symmetrisch – asymmetrisch, parallel – gegeneinander, Ort – Fortbewegung

– *zeitliche Kontraste:* langsam – schnell, accelerando – ritardando, metrisch – ametrisch, synchron – asynchron beziehungsweise gleichzeitig – zeitlich verschoben
– *dynamische Kontraste:* fließend – abgesetzt, gleichmäßig – akzentuiert, gespannt – locker/gelöst, hart – weich, crescendo – decrescendo.

Ausgangspunkt: Bezug zwischen Partnern und Gruppenmitgliedern, z. B.: – unter dem Aspekt *Bewegungsimitation* (in schatten-, spiegel- und echoartiger Form) oder *Bewegungsergänzung* bzw. *-kontrast* (in „Frage-Antwort"-Form oder in „freier" Weise)

– unter dem Aspekt *„Bildung bzw. Auflösung von Gruppen im Raum"* (z. B. das Thema „Verwicklungen" in einem Gruppenablauf sichtbar machen), Gruppierungsformen: Reihe, Schlange, Gasse, Kreis, Haufen, Pyramide, geordnete gegen ungeordnete Aufstellung, ein einzelner/ein Paar gegen viele

– unter dem Aspekt der *non-verbalen Verständigung,* z. B.: Verständigung über den visuellen, auditiven, taktilen Sinneskanal

– unter dem Aspekt *verschiedenartigen Verhaltens zu(m) Partner(n):* tastend, vorsichtig, überrumpelnd, beeinflussend, gleichgültig, abwartend, sich anpassend, Neues entgegenhaltend, sich anschmiegend, ablehnend usw.

– unter dem Aspekt von *verschiedenartigem Ausdruck in Mimik, Gestik, Körperverhalten:* schüchtern, ängstlich, heiter, übermütig, anbiedernd, angriffslustig, verzweifelt, zornig.

Die drei zuletzt genannten Aspekte von Partner-/Gruppenbezügen betreffen vor allem den Bereich Tanz. Dasselbe gilt für den folgenden Gestaltungsansatz, der in seiner Gesamtheit über den Bereich Gymnastik hinausgeht.

Ausgangspunkt: Konkrete Handlungs-/inhaltlich bestimmte Bewegungsidee / Individuelle und soziale Problemstellungen: Dieser Ausgangspunkt bezieht sich auf die *Mitteilungsfunktion* von tänzerischer Bewegung und kann als Bindeglied und Übergang zum Bereich „Darstellendes Spiel" und als ein möglicher Anknüpfungspunkt für fächerübergreifenden Unterricht dienen. Das Arbeitsverfahren in den Bereichen „Darstellendes Spiel" und Gymnastik/Tanz ist weitgehend identisch:

– Wahrnehmungssensibilisierung

– Erarbeitung von Bewegungsfertigkeiten aus dem Bereich Gymnastik/Tanz

– Erarbeitung von spieltechnischen Fertigkeiten

– Bewegungsgestaltung (Improvisation und Komposition von Spielszenen).

Aus den verschiedenen Aufgabenstellungen, Bewegungsübungen und Bewegungsimprovisationen können sich Situationen ergeben, die zum Anlaß werden für die Erfindung und Darstellung von Handlungsabläufen und kleinen Spielszenen aus, mit und in Bewegung. Dieses Bewegungstheater kann sich in verschiedenen Erscheinungsformen zeigen: als rein pantomimisches Spiel (auch unter Einbeziehung von Wort und Geräusch) oder als Mischform aus Tanz und Spiel.

Beispiele:

– „Versuch eines Aufbruchs von (Bewegungs-)Stereotypien"

– „Mißverständnisse"; „Kontaktstörungen"

– Zerstörung eines Gruppengebildes aufgrund von Intoleranz gegenüber andersartigem Verhalten von Personen/Gruppen

– ein „Spiel" mit einem Außenseiter

– „Golem": Eine Figur wird zum Leben erweckt und zerstört ihre Erwecker und damit sich selbst

– „Begegnung der Geschlechter"

– „Das Individuum im Wettbewerbssystem"

Spielaufgaben (ausgehend von *bewegungstechnischen Merkmalen* und dazu *gefundenen Assoziationen):*
- partielle oder totale Anspannung/Entspannung der Körpermuskulatur; Assoziationen: Statuen, Puppen, Marionetten
- verschiedene Arten und Qualitäten der Fortbewegung; Assoziationen: Phantasietiere
- ruckartige, straffe Bewegungen; Assoziation: Maschinerie

Spielaufgaben (ausgehend von *Sport- und Alltagsbewegungen):*
- pantomimische Darstellung eines Ballspiels
- pantomimische Darstellung von Bewegungen aus ausgewählten Arbeitsbereichen
- Darstellung von (Geschlechts-)Rollenklischees

Spielaufgaben (ausgehend von Sprache): Übertragung von Rätseln, Comics, Werbesprüchen, kurzen Lyrik- und Prosabeispielen, eigenen Versen oder Texten in Bewegungsszenen

„Happenings“ (fächerübergreifende Aktionen), die Bewegung, Wort, Musik, Licht, Film zu einer totalen, teilweise improvisierten Szene verschmelzen.

(112a–i) Handgeräte als Ausgangspunkte für Bewegungsgestaltungen:
(a–c): Wie könnte eine Bewegungskomposition mit Keulen aussehen, deren Anfangs- und Endphase durch die beiden Positionen am Boden markiert sind?

(112d–f) Rollen und Springen mit Reifen

(112g–i) Fortbewegungsmöglichkeiten mit einem Seil im Wechsel von hohen und tiefen Bewegungsebenen im Raum

(113a–d) Hände, in diesem Bewegungsablauf noch hervorgehoben durch weiße Handschuhe vor schwarzem Hintergrund, als Ausgangspunkt für eine Gruppenkomposition. Welche anderen Körperteile könnten Ausgangspunkte für Bewegungsimprovisation oder -komposition sein?

(114a–d) Verschiedene Materialeigenschaften von Bettüchern als Grundlage für eine(n) Gruppengestaltungsablauf/-komposition. Wie schätzen Sie die Verbindung von Körper- und Materialbewegung im Bild a–c ein? Welche Korrekturen bezüglich Körperhaltung könnten Sie den einzelnen Personen geben?

(115a–f) Die folgenden sechs Fotos zeigen Ausschnitte aus einer Bewegungskomposition, die auf Eigenbegleitung durch Klanggesten und stimmliche Klangäußerungen basiert. Dabei werden ausgewählte Sprachelemente unter kommunikativem Aspekt eingesetzt.

(116a–b) Ausgangspunkt der hier gezeigten Partnerarbeit bildet der räumliche Kontrast eng – weit bzw. klein – groß

(117a–c) Ausschnitt aus einem Soloablauf. Welches Gestaltungskriterium könnte hier Ausgangspunkt gewesen sein?

(118a–c) Gestaltungskriterien hoch – tief, weit – eng als Ausgangspunkte für einen Bewegungsablauf, hier realisiert mit Hilfe eines Handballtors

(119a) Schattenartige Bewegungsimitation. Durch welche anderen Kontaktmöglichkeiten mit einem Partner könnten Sie die hier gezeigte Bewegung im Rahmen einer Bewegungskomposition ergänzen?

(119b) Verschiedene Möglichkeiten des Gruppenbezuges. Welcher Bezug besteht jeweils zwischen den Gruppenmitgliedern?

(120a–e) Auflösung eines Gruppenbezuges

(121a–g) „Hebefiguren“ mit einem Partner und in Dreiergruppen. Suchen Sie zwei der gezeigten Hebefiguren aus als Anfangs- bzw. Endpositionen eines Bewegungsablaufs, den Sie mit einem oder zwei Partner(n) zwischen diesen beiden „Polen“ entwickeln.

(122a–c) „Aufforderung zum Tanz“

(123a–c) Partnerbezug unter den Aspekten: Sich anlehnen/anschmiegen, sich wegwenden. Mimik und Körperhaltung bestimmen wesentlich die jeweilige Ausdruckswirkung.

(124a–g/S. 155–157) Klang- und Bewegungsstudie, die vom Einsatz stimmlicher Möglichkeiten ausgeht, was durch die übergroß geschminkten Münder besonders betont wird.
Gesichtspunkte, nach denen man schminken kann: 1. Formaler Aspekt: linear oder flächig, symmetrisch oder asymmetrisch, schwarz/weiß oder farbig, positiv-negativ (bei symmetrischem Schminken); 2. Personenbezogener Aspekt: individuelle Gesichtsform und persönlicher Gesichtsausdruck unterstützen, verfremden; 3. Ausdrucksaspekt: bestimmten Gesichtsausdruck verstärken bzw. durch Schminke hervorrufen („aufmalen“), ein „Bild“ auf das Gesicht malen; 4. Verwendungsaspekt: Theaterstück, ritueller Tanz, Bewegungskomposition mit stimmlicher Selbstbegleitung.
Theaterschminke gibt es in Theaterdrogerien, z. T. auch in Ballettartikel-Geschäften, zur Karnevalszeit auch in Kaufhäusern; sie ist der Karnevalsschminke unbedingt vorzuziehen.

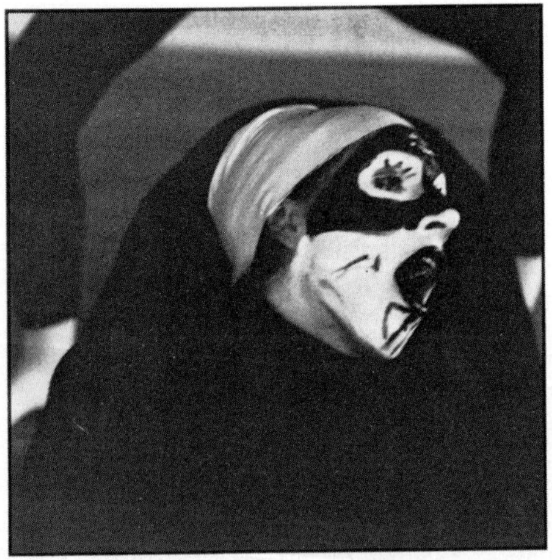

(125a–c) „Spiel“ mit einem Außenseiter. Nach einer kurzen, hier nicht gezeigten Phase des Miteinander bzw. eines Integrationsversuchs schlägt das „Spiel“ ins Gegeneinander um. Seile und ein Saltogurt helfen die Ausgangsidee zu verdeutlichen.

(126a–d) Aufbruch von erstarrten Verhaltensformen, dargestellt durch mechanistisch ausgeführte Bewegungen. Provozierende Aktionen Dritter sollen die Erstarrung bewußtmachen und Hilfen zur Verhaltensänderung geben.

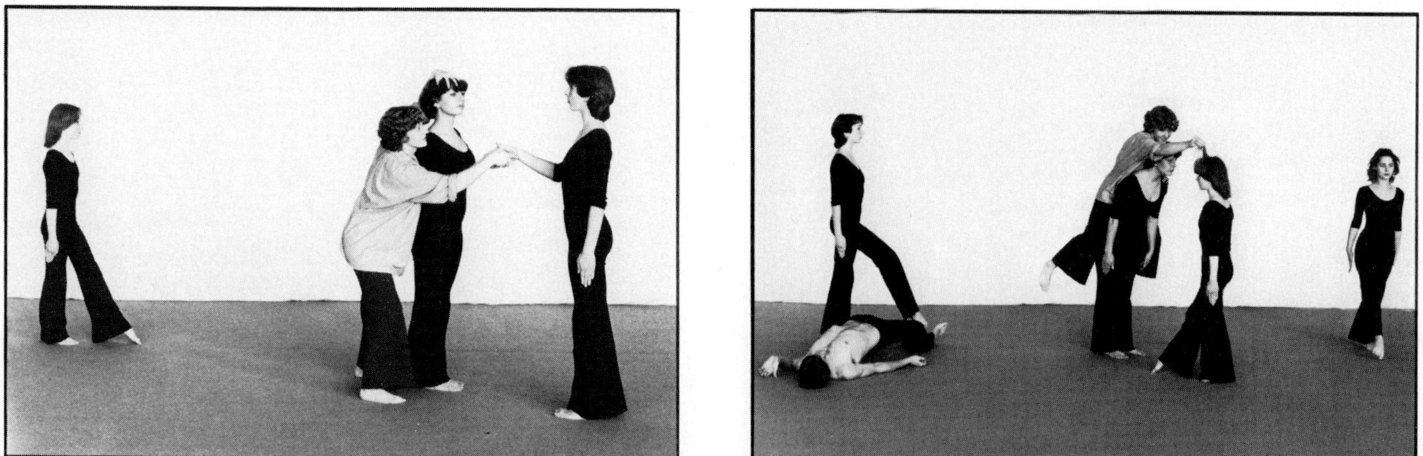

(127a–g) Aufbau eines Gruppengebildes (a–c, fotografiert bei Kunstlicht) und Zerstörung des Gebildes (d–g, fotografiert bei Tageslicht) aufgrund der Intoleranz von Personen (d) gegenüber andersartigem Verhalten anderer (a–c, e–g)

(128a–e) „Golem“: Eine Figur wird zum Leben erweckt und zerstört dann ihren Schöpfer und damit sich selbst

(129a–f) Phantasietiere (Ausgangspunkt: Fortbewegungsarten)

(130a–f) „Eine Maschine verwirrt sich“: Ruckartige, gleichbleibende Bewegungen bilden den Ausgangspunkt für das Funktionieren einzelner „Maschinenteile“, die jeweils durch eine Zauberschnur miteinander verbunden sind

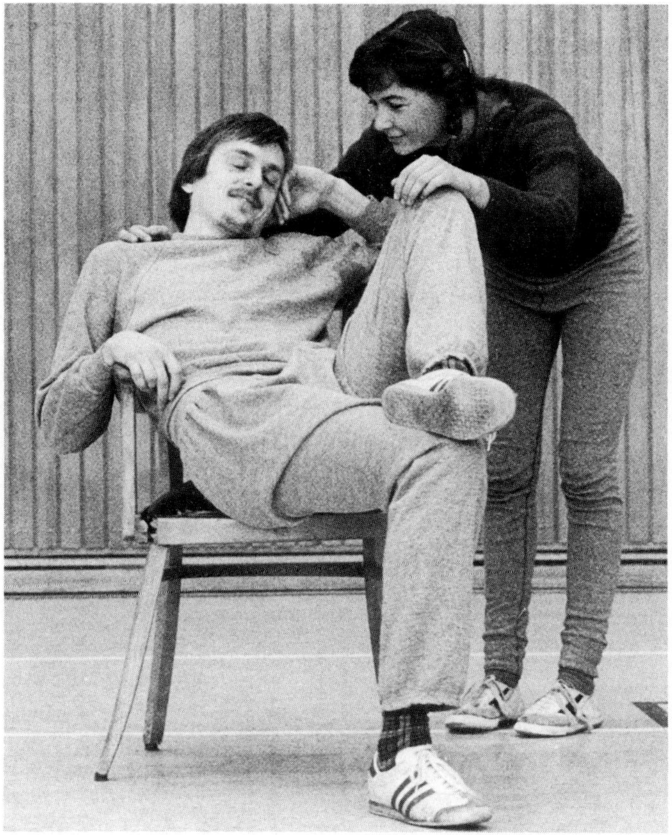

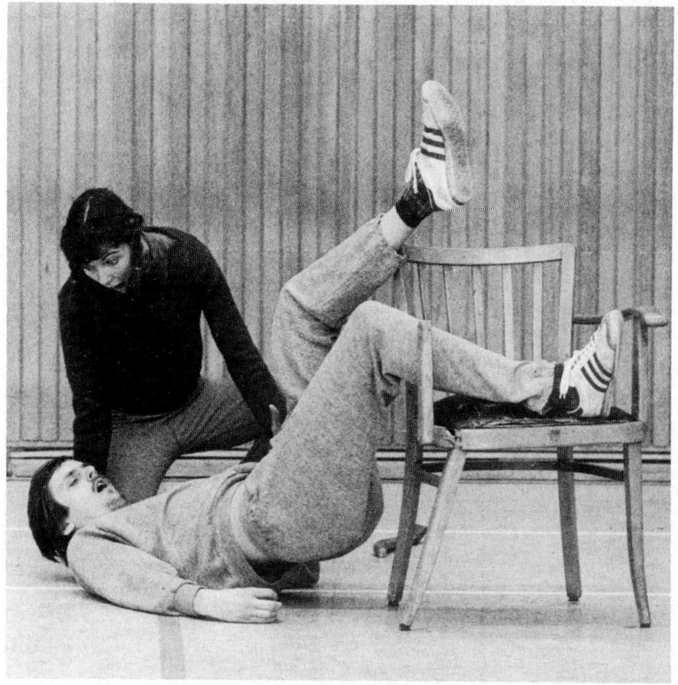

(131a–b) Spielaufgabe, ausgehend von Sprachelementen: „Anlehnung – Ablehnung“, Interpretation von Begriffen durch Bewegung

Nach welchen Kriterien kann eine Bewegungskomposition (Studie) im Bereich Gymnastik/Tanz erstellt werden?

Die folgenden Gestaltungskriterien betreffen Einzel-, Partner- und Gruppenkompositionen. Sie bilden Maßstäbe, die bei der Konstruktion einer Bewegungsstudie zugrunde gelegt werden können. Je nach Gestaltungsintention sollten sie bewußt schwerpunktmäßig ausgewählt und hinsichtlich ihrer Eignung evtl. mit Lehrer und Mitschülern besprochen werden.

1. Gestaltungskriterien: Jede Bewegung spielt sich in Raum und Zeit ab und ist jeweils an wechselnde Intensität (Dynamik) des sich Bewegenden gebunden. Diese drei Dimensionen bedingen und beeinflussen sich in ihrer Auswirkung auf Bewegung gegenseitig. Man kann nicht ein Element vom anderen trennen, sondern nur schwerpunktmäßig jeweils eines in das Blickfeld rücken, bewußt und in der Bewegung deutlich machen. Dabei sind die anderen aber immer in Anteilen mit vorhanden.

Zeitliche Gliederung: – gleiche und/oder verschiedene Tempi
– verschieden metrisch gebundene und ungebundene Rhythmen bzw. Zeitdauern (vgl. metrische und ametrische Rhythmen, S. 111 und 113)
– regelmäßig oder unregelmäßig wiederkehrende Schwerpunkte (Betonungen)
– Zäsuren innerhalb von oder zwischen verschiedenen Bewegungsabläufen, Wechsel von Bewegung und Stillstand (insbesondere bei Gruppenstudien)
– gleiche oder verschiedene Längen von Abläufen
– Gleichzeitigkeit oder Nacheinander von Bewegungsabläufen (bei Partner- oder Gruppenarbeit).

Dynamische Gliederung: – punktuelle (impulsartige) und/oder kontinuierliche Intensitätssteigerung bzw. -verringerung
– Höhe- und Ruhepunkte
– Bewegungsfluß und/oder Bewegungsstopp (als bewußte Unterbrechung des Bewegungsflusses).

Räumliche Gliederung: – unterschiedliche Raumdimensionen (Höhe/Tiefe, Weite; Bewegung am bzw. vom Ort)
– Raum- und Bewegungsrichtungen (eindimensional, linear ausgedehnt):
Raumlinien/-achsen (geradlinig): vertikale Linie (Höhe), horizontale Linie (Breite bzw. Tiefe), diagonale Linien (als schräge Zwischenachsen und Verbindung/Übergang von der Vertikalen zur Horizontalen und umgekehrt)
Bewegungsrichtungen (sie entsprechen den Raumlinien): hoch – tief (vertikal), rechts – links (seitwärts), vor – zurück (vorwärts – rückwärts, horizontal), schräg aufwärts – schräg abwärts (diagonal mit verschiedenen Neigungswinkeln), Verbindung der verschiedenen Richtungen, Richtungswechsel, kurvige Linien
„Raumornamente“ am Boden (kurvige und geradlinige Raumwege) und „in der Luft“ (kurvige und geradlinige Bewegungsformen und -muster von Kopf, Armen, Rumpf, unbelasteten Beinen als „gestische Raumzeichnung“)

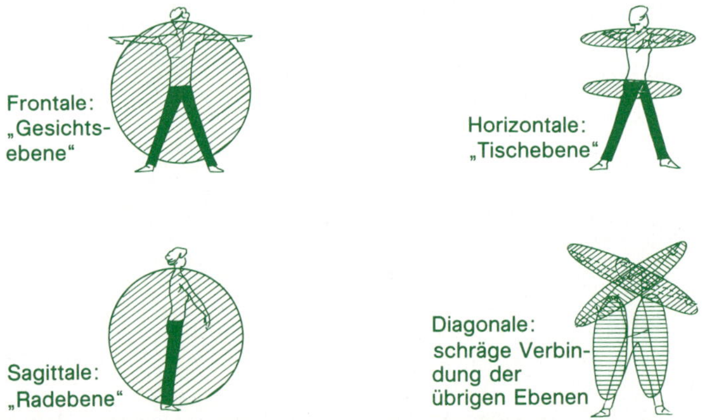

(132)

– Raum- und Bewegungsebenen (zweidimensional, flächig ausgedehnt)
– Verbindung der genannten Ebenen durch *Rotation* (dreidimensionale Ausdehnung)
– Höhenstufen (levels); Körperhaltungen, -stellungen und -bewegungen auf hoher, mittlerer, tiefer Stufe
– Bewegungsausmaß, auch Bewegungsumfang oder -amplitude genannt (weit, breit, groß, „voluminös" – eng, schmal, klein, zusammengezogen usw.)
– unterschiedliche Gruppierungsformen, Zusammenballungen (bei Gruppengestaltungen) und/oder Ausnutzung freier Flächen im Raum, verschiedene Abstände und Ausrichtungen der Körperfront, unterschiedliche „Stimmführung" der einzelnen Gruppen im Raum im Verlauf einer Bewegungskomposition, z. B. Wechsel von unisono und mehrstimmiger „Stimmführung" durch Gruppenspaltung, Wechsel von symmetrischen und asymmetrischen Formationen

Formaler Aufbau: Der formale Aufbau ist unter Umständen von einer musikalischen Vorlage abhängig:
Motiv-, Themenreihung (Addition)
Motiventwicklung, prozeßhafte Entfaltung von Kernmotiven
Verwendung einzelner oder mehrerer Strukturelemente, z. B. ausgewählte (in bezug auf ein Musikstück auffällige), räumliche, zeitliche und dynamische Komponenten
Beziehung zwischen Bewegungsmotiven/-themen:
– durch Wiederaufgreifen von motivischem oder thematischem Material (unverändert als Wiederholung oder verändert durch Verkürzung, Umkehrung, Umrhythmisierung, Verdichtung, Ergänzung usw., z. B. in Rondo-Form [ABACAD...A])
– durch Verknüpfung von verschiedenem Kernmaterial; Überleitung von einem Bewegungsmotiv/-thema zum anderen (Vermeidung von „Kunstpausen")
– durch Kontrastierung eines Bewegungsmotivs oder -themas durch ein zweites (AB-, ABA-Form)/drittes Gegenthema oder durch ein Ostinato (gleichbleibendes, durchgängiges Hintergrundmotiv) im zeitlichen Nach- oder Nebeneinander (letzteres ist nur bei Partner- oder Gruppenarbeit möglich).

Deutliche Beziehungsmodi zur Klangvorlage: – kongruente Umsetzung von Klangereignissen in Bewegung
– analoge Umsetzung
– kontrastierende Umsetzung
– autonome Umsetzung (vgl. „Musiktheoretische Grundlagen", S. 104/105).

Gezielte Verwendung von Handgeräten/Objekten/Materialien: – in Hinblick auf gerätespezifische Eigenschaften und unterschiedliche, auch unübliche Verwendungsmöglichkeiten
– in Hinblick auf Einsatzmöglichkeiten von Objekten als Requisit, Partner, verfremdeter Gegenstand, Kommunikationsmedium usw. (Bereich Spiel/Tanz).

Deutliche Beziehungsmodi zu Partnern und Gruppenmitgliedern: z. B. deutlich machen, ob das Geschehen in einem gemeinsam gestalteten Bewegungsablauf mehr durch formale bzw. Sachaspekte oder stärker durch kommunikative Bezüge zwischen den beteiligten Partnern bestimmt ist.

Deutlichkeit der Bewegungsintention bzw. Mitteilungsabsicht über Bewegung: Vor allem im Tanz ist die deutliche und prägnante Umsetzung/Realisierung der Bewegungs- und Gestaltungs*absicht* und -vorstellung, die Deutlichkeit der Ausdrucks- und Mitteilungs*intention* von besonderer Wichtigkeit. Werden im Bereich Gymnastik räumliche, zeitliche und dynamische Kriterien unter *funktionellem Aspekt* verarbeitet, werden dieselben Kriterien im Bereich Tanz auch als Ausdrucksmittel eingesetzt (z. B. ein bewußt enges Bewegungsausmaß, bewußte Zähflüssigkeit, Schwere, Behäbigkeit oder Flüchtigkeit in der dynamischen Verarbeitung oder eine bewußte Monotonie bezüglich räumlicher und zeitlicher Gestaltungskriterien).

2. Ausführungskriterien: Die folgenden formalen Kriterien können im Tanz – bewußt eingesetzt – zu Ausdruckskriterien werden.
Deutlich sichtbarer Bewegungsansatz: – aus der Körpermitte (Körperschwerpunkt, Becken/Lendenwirbelsäule)
– aus unterschiedlichen Körperzentren (z. B. aus Schulter oder Brustkorb)
– aus der *„Peripherie" des Körpers (z. B. aus Händen/Fingerspitzen, Füßen usw.)*
Körperhaltung: partielle oder totale *Anspannung bzw. Entspannung* der Körpermuskulatur
Beweglichkeit
Bewegungsintensität: z. B. optimale Bewegungsweite, Rumpfbeteiligung – bzw. bewußte Intensivitätsverringerung (z. B. durch Einsatz von nur wenigen, ausgewählten Körperteilen)
Übereinstimmung bzw. Wechselwirkung und Koordination bzw. bewußter Kontrast von *Körper- und Gerät-/Materialbewegung;* Gerätbeherrschung
Beide, Gestaltungs- und auch Ausführungskriterien, tragen zur Verdeutlichung der Gestaltungsabsicht(en) innerhalb einer Bewegungskomposition bei. Zugleich sind beide auch Grundlage für die Bewertung von Bewegungskompositionen, d. h., die genannten Kriterien bilden Maßstäbe, Anhaltspunkte für Bewegungsbeurteilung.

Unter welchen Bedingungen und Gesichtspunkten können Bewertungskriterien erstellt und festgelegt werden?

Prüfungsbedingungen werden „gemacht" und sind somit veränderbar: Das bedeutet, daß Kriterienkataloge als Bewertungsgrundlagen nicht starr, sondern flexibel gehandhabt und daß sie auf verschiedene Überprüfungssituationen (unterrichtsimmanente Überprüfung, Kursabschlußtest, Abiturprüfungen usw.) abgestimmt sein sollen. Außerdem sollten Prüfungsbedingungen – sowohl solche, die eine Kursgruppe für sich festlegt, als auch solche, die aus rechtlichen Gründen generell vorgegeben werden müssen (Abitur) – jeweils so gestaltet sein, daß diejenigen, die am Unterricht in Gymnastik/Tanz beteiligt waren (Lehrer und Schüler), aufgrund ihrer Zielvorstellungen/Intentionen nicht in Widerspruch zu ihnen geraten, sich also mit ihren Vorstellungen dort wiederfinden können.
Auf den Unterricht/die jeweilige Lerngruppe bezogen, sollte die Bewertung einer gestellten (Bewegungs-)Aufgabe von allen Beteiligten gemeinsam festgelegt werden. Dabei kann das Kursplenum die Aufgabe der Kriterienauswahl auch an Gruppen von Kursteilnehmern delegieren. Die eingebrachten Vorschläge werden mit allen Teilnehmern im Kurs abgestimmt und als für die bevorstehende Prüfung verbindlich festgelegt.
Das gemeinsame Festlegen von Bewertungskriterien erfordert allerdings, daß eigene und fremde Bewegungsabläufe bezüglich der bewegungstechnischen und gestalterischen Komponenten bereits analysiert und eingeschätzt werden können. Um eventuelle Begünstigungen oder Benachteiligungen einiger Prüflinge auszuschalten, sollten die beratenden Kursteilnehmer Wert darauf legen, daß nicht zu häufig ein und dasselbe Kriterium wiederholt, aber auch nicht unbesehen eine lange Liste von Kriterien aufgestellt wird. Eine Beschränkung auf zwei oder drei Kriterien bringt außerdem in den meisten Fällen konzentriertere Arbeitsergebnisse. Die Auswahl der Bewertungskriterien wird davon abhängig sein, welche Ausführungs- oder Gestaltungsmerkmale während der zurückliegenden Arbeitsabschnitte verstärkt behandelt worden sind.

Zu welchen Erfahrungen, Erkenntnissen und Einsichten kann Bewegungsgestaltung im Sinne von Neugestaltung dem Lernenden verhelfen?

Bewegungsgestaltung – sowohl als Prozeß als auch als Produkt von eigenständiger „kreativer" Tätigkeit verstanden, d. h. einer Tätigkeit, bei der der einzelne etwas für ihn Neues in neuen Verbindungen und Zusammenhängen hervorbringt – eröffnet dem Lernenden verschiedene Erfahrungsmöglichkeiten.

Er kann die Bewegungsmöglichkeiten seines eigenen Körpers erproben in „nicht-vorgefertigten" Situationen und Abläufen und eigene Bewegungserfahrungen sammeln, ohne sich an festgelegten, „fremden" Bewegungsnormen orientieren zu müssen. Diese Offenheit der Möglichkeiten und Situationen ist Chance und Risiko zugleich.

Ein Risiko liegt in der Unsicherheit, die durch nicht vorstrukturierte, unvorhergesehene Situationen hervorgerufen wird, genauer darin, daß man die eigenen und die Reaktionen der am Lernprozeß außerdem Beteiligten weder abschätzen noch vorplanen kann. Mit diesem Risiko sind aber andererseits auch Vorteile und Chancen verbunden.

Man lernt, seinen Körper in seinen Bewegungsformen und -möglichkeiten (hinsichtlich Raum, Zeit, Spannungsverhältnissen der Muskulatur; hinsichtlich Ausdrucks- und Mitteilungsmöglichkeiten durch Körpersprache) bewußter wahrzunehmen und dadurch einzuschätzen.

Man lernt, hörbare, sichtbare, tastbare Sinneseindrücke genauer zu unterscheiden und spontan und sensibel auf die wahrgenommenen Eindrücke mittels Bewegung zu reagieren.

Die (Bewegungs-)Phantasie wird angeregt, vielfältige Bewegungsvorstellungen und -ideen zu entwickeln.

Durch Gestaltungsarbeit in Gruppen können Ängste und Hemmungen, vorhandene Bewegungsideen zu realisieren, abgebaut werden.

Man kann erfahren, daß Phantasie-Betätigung und das Produzieren von eigenständigen Lösungen zwar anstrengend und von Unlust begleitet sein kann, daß es aber auch – vor allem zusammen mit anderen – Spaß machen und Lustgefühle hervorrufen kann.

Man kann lernen, Vorstellungen und Ideen, Bedürfnisse, Wünsche, Lust- und Unlustgefühle zu artikulieren (durch Bewegungsformen auszudrücken, wobei Bewegung als Kommunikationsmittel fungiert, und/oder verbal mitzuteilen, in Form von Reflexion im gemeinsamen Gespräch).

Durch Beobachtung und im Vergleich mit anderen kann man seinen eigenen Bewegungsstil, seine Bewegungsstereotypien und (oft festgefahrenen) Bewegungsnormen und die von anderen kennenlernen.

Man kann seine jeweiligen Grenzen erfahren bezüglich seines Bewegungsrepertoires, seiner Bewegungseinfälle, seines Durchhaltevermögens bei Frustrationsphasen, seiner Fähigkeit (oder Unfähigkeit), z. B. bei einer Gruppengestaltung auf andere eingehen zu können.

Man kann die Fähigkeit zum „Umdenken" lernen, d. h. in bezug auf einen Gestaltungsvorgang, daß z. B. die verschiedenartigsten Bewegungselemente, Objekte und Materialien, Beziehungen zu(m) Partner(n) in einen anderen (Raum-, Zeit-, Kraft-, Form-, Handlungs-)Zusammenhang als den gewohnten gebracht werden können. Nicht vorstrukturierte Situationen bieten die Chance, daß man Dingen und Abläufen eine andere eigene Struktur und Ordnung geben kann und möglicherweise Gestaltungsgesetzmäßigkeiten und -mechanismen, auch aus der Umwelt, eher durchschauen lernt, wenn man in eigenen Produktionen die „Machbarkeit" von Gestaltung bewußt erlebt und reflektiert hat.

Man kann erfahren, daß das Produzieren von phantasievollen Bewegungsideen und das eigenständige Verarbeiten (Gestalten) dieser Ideen das persönliche Darstellungs- und Ausdrucksbedürfnis befriedigen und das Selbstwertgefühl stärken können.

Literatur/Schallplatten/Musikbeispiele

Literatur zu Kapitel I und II:

Gymnastik

Forstreuter, H.: Gymnastik – Körperschule ohne Gerät. Frankfurt [31]1979
Internationaler Turnerbund: Wertungsvorschriften Rhythmische Sportgymnastik, Ausgabe 1976
Kos, B. u. a.: Gymnastik – 1200 Übungen. Berlin (Ost) [9]1979
Mißmahl-Brunner, I.: Gymnastik. Reinbek bei Hamburg 1980
Riehm, G.: Ein Weg zur Wettkampfgymnastik. Celle 1976
Wendt, H. u. a.: Gymnastik ohne Handgeräte. Berlin 1976
Wendt, H./Hess, R.: Künstlerische Gymnastik mit Handgeräten. Berlin [4]1979

Folkloretanz

Arbeitskreis für Tanz im Bundesgebiet (Hrsg.): Fachausdrükke Volkstanz. Stuttgart 1971
Hoerburger, F.: Volkstanzkunde 1 und 2. Kassel 1961
Palm, F.: Tänze aus Amerika, Band 1. Regensburg 1961
Palm, F./Lander, H.: Tänze aus Amerika, Band 2. Regensburg 1964
Schmolke, A./Langhans, H.: Europäische Tänze. Wolfenbüttel 1954–1974. Heft 1–12

Gesellschaftstanz/Turniertanz

Taubert, K. H.: Höfische Tänze. Ihre Geschichte und Choreographie. Mainz 1968
Günther, H./Schäfer, H.: Vom Schamanentanz zur Rumba. Die Geschichte des Gesellschaftstanzes. Stuttgart [2]1975
Krombholz, G.: Tanzen für alle. Von den Grundelementen zu geselligen Tanzformen. München 1976
von Garnier, E.: Bernhold, Beat und Bossanova. München 1972 (Bereich Turniertanz)

Soziologische Aspekte zum Tanz nach Rockmusik

Baacke, D.: Beat – die sprachlose Opposition. München [3]1970
Neißer, H. u. a.: Jugend in Trance? Diskotheken in Deutschland. Heidelberg 1979

Jazztanz

Brunner, I.: Jazztanz. Training, Technik, Taktik. Hamburg 1979
Günther, H.: Jazz dance. Geschichte, Theorie, Praxis. Berlin 1980
Günther, H./Haag, H.: Von Rock'n' Roll bis Soul. Die modernen Poptänze von 1954–1976. Ostfildern-Nellingen 1976
Traguth, F.: Modern Jazz Dance. Bonn [2]1978

Klassischer Tanz

Tarassow, N.: Klassischer Tanz. Wilhelmshaven 1974
Waganowa, A.: Die Grundlagen des klassischen Tanzes. Velber bei Hannover, 1977

Tanztheater

Müller, H./Servos, N.: Pina Bausch – Wuppertaler Tanztheater. Köln 1979
Zeitschrift „Ballett-Info“. Aktuelle Monatszeitung für Ballett und Tanztheater. Verlag: Rolf Garske, Köln

Allgemeines

Meinel, K./Schnabel, G.: Bewegungslehre. Berlin [2]1977
Röthig, P. (Red.): Sportwissenschaftliches Lexikon. Schorndorf [4]1977

Literatur zu Kapitel III:

Bertelsmann, K.: Ausdrucksschulung. Unterrichtsmodelle und Spielprojekte für kreatives und kommunikatives Lernen. Stuttgart 1975

Engel, R./Küpper, D.: Gymnastik, Finden – Üben – Variieren – Gestalten. Schorndorf [3]1978

Haselbach, B.: Improvisation, Tanz, Bewegung. Stuttgart [2]1979

Schmolke, A.: Das Bewegungstheater. Wolfenbüttel 1976

Schallplatten/Musikbeispiele

Musik aus dem 17.–19. Jahrhundert:

Konzerte/Suiten für Orchester oder für Soloinstrumente und Orchester aus der Barockzeit (Vivaldi, Corelli, Bach, Händel)

Suiten oder Einzeltänze für Soloinstrumente (z. B. Laute) aus der Barockzeit

Schubert, F.: Deutsche Tänze

Tschaikowski, P.: Ausgewählte Tänze aus der Nußknackersuite

Saint-Saëns, C.: Carneval der Tiere

Grieg, E.: Norwegischer Tanz op 2 Nr. 35

Bayer, J.: Die Puppenfee

Bizet, G.: Jeux d'enfants (Kinderspiele)

Chopin, F.: Ausgewählte Préludes, Walzer, Mazurkas, Nocturnes

Meyerbeer, J.: Les Patineurs (Die Schlittschuhläufer)

Musik aus dem 17.–19. Jahrhundert in bearbeiteten Fassungen:

z. B von

Bach/Loussier	Marek & Vacek
Carlos, Walter	Swingle Singers

Musik aus dem 20. Jahrhundert:

Kompositionen folgender Gruppen/Einzelkomponisten:

Between	Pink Floyd
Dave Brubeck	Carl Orff
John Cage	Alan Parsons
Genesis	Semprun/Christodoulides
Gentle Giant	Soft Machine
Friedrich Gulda	Klaus Schulze
Dutch Swing College Band	Karlheinz Stockhausen
Peter Michael Hamel	Tangerine Dream
Mothers of Invention	Temptations
Keith Jarrett	Tomita
Jean Michel Jarre	United Jazz & Rock Ensemble
Mauricio Kagel	Van der Graaf Generator
Kraftwerk	Hermann van Veen
Ramsey Lewis	Yes
Györgi Ligeti	

Schallplattenreihen:

FidulaFon, Fidula Verlag Boppard (Mode- und Gesellschaftstänze, Tanzspiele)

Camerata, Möseler Verlag, Wolfenbüttel (Europäische Folklore)

Musique folklorique du Monde, Unidisc-Europe, Frankreich (Afrikanische, südamerikanische, orientalische Folklore)

Le chant du monde (u. a. südeuropäische, lateinamerikanische Folklore)

Unidisc (Musik für experimentellen Tanz und Pantomime)

Register/Literaturnachweis

Literaturnachweis

Außer der angegebenen Literatur wurden bei der Erstellung des Buches folgende Titel hinzugezogen:

Goldschmidt, Ä.: Handbuch des deutschen Volkstanzes. Berlin 1967

Günther, H./Grimmer, M.: Theorie und Praxis des Jazz-Dance. Stuttgart 1972

Günther, H.: Tanzunterricht in Deutschland – eine kultursoziologische Studie, o. J. Hrsg.: Arbeitskreis für Tanz im Bundesgebiet, Informationen über Tanz

Haselbach, B.: Tanzerziehung. Stuttgart [3]1978

Heyer, F. (Hrsg.): Der Tanz in der modernen Gesellschaft. Hamburg 1958

Klindt, E.: Tanzen in der Schule, Teil I. Stuttgart 1970

Kultusminister des Landes Nordrhein-Westfalen (Hrsg.): Teillehrplanentwurf Gymnastik/Tanz 1980, S. 27–29, Bereich „Darstellendes Spiel/Bewegungstheater", bearbeitet von W. Tiedt

Morel, F. R.: Choreographie im Sport, Berlin 1978

Regner, H.: Das Ballettbuch, Frankfurt/M/Hamburg 1962

Schriftenreihe der Schulprojekte Laborschule/Oberstufen-Kolleg: Schulprojekte der Universität Bielefeld, Heft 4, Stuttgart 1974